ヒチョル先生の

ひとめで…る

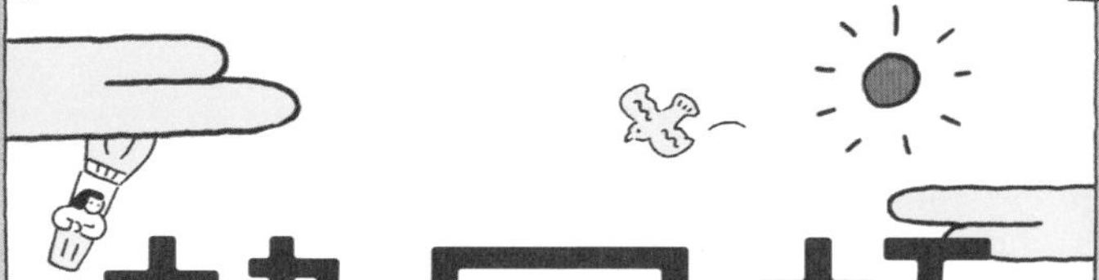

韓国語 きほんのきほん

チョ・ヒチョル 著

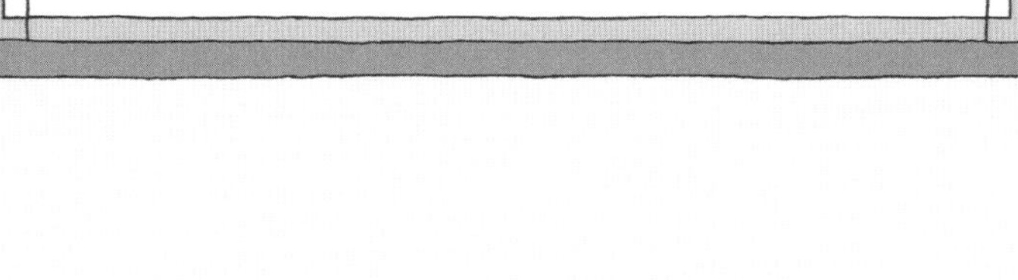

はじめに

本書は、韓国語を初めて学ぶ方のために、いちばんわかりやすいきほんの語学書をめざしてまとめました。

Chapter 1「韓国語のきほん」では、ハングルや発音のルールを、身近な韓国語の単語を例に出してかんたんに覚えられるように工夫しました。

Chapter 2「きほんの単語とフレーズ」では、旅行などでよく使う単語やフレーズをまとめて紹介し、イラストをまじえながら楽しく学べるようにしました。

Chapter 3「文法のきほん」では、韓国語の学習に欠かせない文法と、本書の特長である活用形の「3パターン」についてくわしく解説しています。韓国語の活用はパターンさえわかれば、スラスラ解けるようになります。ここでしっかり身につけて、Chapter 4に飛び込みましょう！

Chapter 4「いろいろな表現」では、会話でよく使われる表現ばかり紹介しています。活用パターンをくり返し練習するうちに、韓国語の文法が理解でき、会話や作文につながっていくでしょう。

本書を手にした読者の皆さんには、忘れてしまったりできないことを恐れずに、楽しみながら韓国語の活用に慣れてもらいたいと思います。皆さんの学習の進展を応援しています。화이팅（ファイティン）！

조희철（チョ・ヒチョル）

Contents

Chapter2 きほんの単語とフレーズ

Chapter3 文法のきほん

Chapter4 いろいろな表現

この本の使い方

本書は、韓国語の基本的な単語やフレーズ、文法をイラスト・図解で楽しみながら学べます。音声もいっしょに聞けるので、ぜひご活用ください。カタカナの発音ルビはあくまで参考です。音声を聞き、正しい発音を身につけましょう。

きほんページ

きほんの解説ページです。

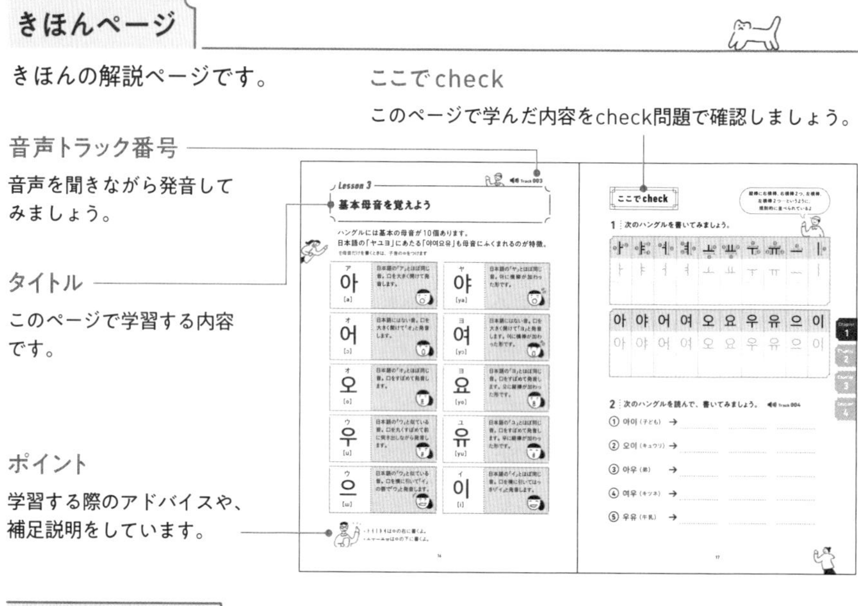

ここでcheck
このページで学んだ内容をcheck問題で確認しましょう。

音声トラック番号
音声を聞きながら発音してみましょう。

タイトル
このページで学習する内容です。

ポイント
学習する際のアドバイスや、補足説明をしています。

まとめて check

発音ルールやとくべつな活用ルールをまとめています。わからなくなったら、このページにもどってくるようにしましょう。

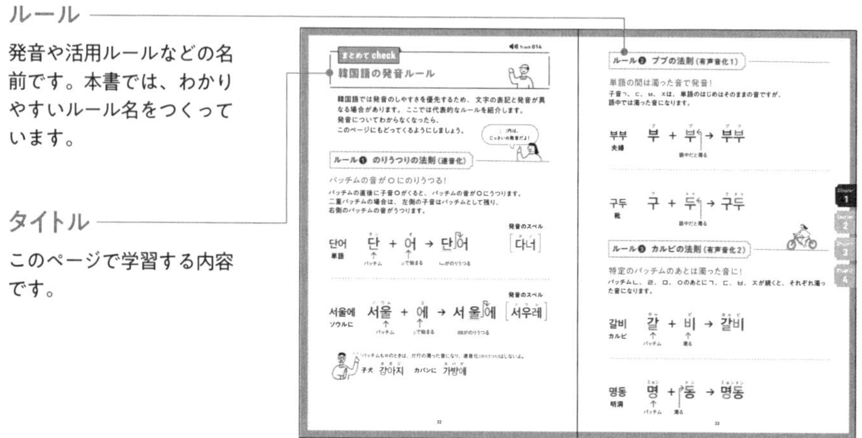

ルール
発音や活用ルールなどの名前です。本書では、わかりやすいルール名をつくっています。

タイトル
このページで学習する内容です。

いろいろな表現

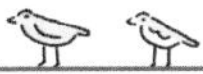

3・4章にある、いろいろな表現の活用形を学ぶページです

きほんのフレーズ

このページで学習する語尾をふくんだフレーズです。声に出して読んでみましょう。

つくり方

活用の仕方を解説しています。活用形1・2・3のくわしい説明はP96～103を参照してください。

解説、+α

文法の補足説明や言いかえ表現などを掲載しています。きほんのフレーズといっしょに確認しましょう。

タイトル

このページで学習する語尾です。

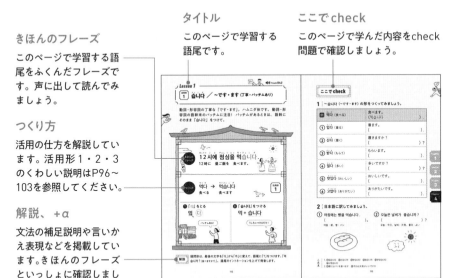

ここでcheck

このページで学んだ内容をcheck問題で確認しましょう。

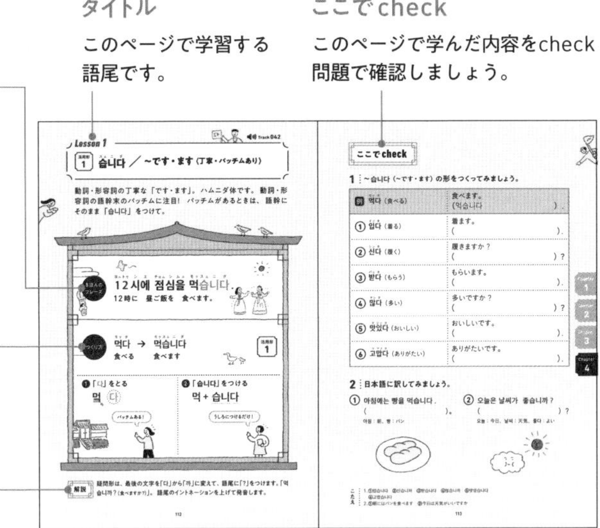

音声について

本書をご購入のみなさまは、パソコン・スマートフォン・タブレットから無料で音声が聞けます。
音声をダウンロードして聞くか、ストリーミング再生で聞くかをお選びいただけます。
専用サイト（https://www.takahashishoten.co.jp/audio-dl/）にアクセスして「語学」→『ヒチョル先生の　ひとめでわかる 韓国語 きほんのきほん』を選択するか、もしくはQRコードを読み取ってください。

● 手順

❶パスワード入力欄に「11341」と入力する。
❷「ダウンロード」ボタンをクリックするか、トラック番号をクリックして再生する。

＊パソコン・スマホの操作に関するご質問にはお答えできません。
＊音声をお聞きいただく際の通信費はお客様のご負担となります。

アートディレクション	細山田光宣
デザイン	小野安世（細山田デザイン事務所）
編集協力	円谷直子
イラスト	米村知倫
DTP	畑山栄美子　茂呂田剛（エムアンドケイ）
校正	(有)共同制作社
ナレーション	日本語：東城未来
	韓国語：李知映
録音	ユニバ合同会社

Chapter 1

韓国語のきほん

街中でハングルを目にしたり、韓国語を聞いたりする機会が増えました。化粧品や韓国食品のラベルを見て、「これが読めたらいいのに!」と思う人もきっと多いでしょう。韓国語の文字・ハングルは子音と母音の組み合わせでできているので、パーツを覚えれば、一気にたくさんの文字が読めるようになります。ここでは、まず韓国語のきほんについて学びましょう!

Lesson 1

韓国語とは

韓国語は、 語順や文法などが日本語とよく似ているので、
日本人にとっていちばん学びやすい外国語といわれています。
ここでは日本語と韓国語の似ているところを見てみましょう！

日本語と似ている韓国語のとくちょう

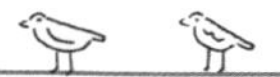

【1】日本語と語順がほぼ同じ

韓国語と日本語の語順はほぼ同じです。

例　私は　学校に　行きます。

ナヌン　ハッキョエ　カムニダ
나는 학교에 갑니다.

【2】助詞がある

韓国語にも日本語と同じく助詞があります。

例　食堂で　カレーライスを　食べます。

シクタンエソ　カレライスルル　モゴヨ
식당에서 카레라이스를 먹어요.

【3】活用がある

韓国語も日本語と同じく語尾の形が変わります。

例　会う　会います

マンナダ　マンナヨ
만나다　만나요

【4】敬語がある

敬語があるところは似ていますが、韓国語の敬語は「絶対敬語」。身内のことを他人や外部の人に話すときも敬語を使います。

日本語 今、父は**いません**。

日本語では、外の人と話すとき、身内に対して敬語は使わないけど…

韓国語 지금(チグム) 아버지는(アボジヌン) **안(アン) 계십니다(ゲシムニダ)**.

韓国語では、目上の人にはどんな場合でも敬語を使うよ

→ 直訳 今、お父さんは**いらっしゃいません**。

ちょっと違う！

ほかの会社の人と話すときも、自分の上司に対して敬語を使うよ！

【5】漢字語がある

漢字語とは、漢字が元になっている言葉のこと。韓国語の単語の約7割が漢字語といわれています。そのため、日本語と似たような発音の単語がたくさんあります。

約束	運動	注意	準備	歌手
약속(ヤクソク)	운동(ウンドン)	주의(チュイ)	준비(チュンビ)	가수(カス)

似てる!

約束 약속(ヤクソク)　契約 계약(ケヤク)

漢字の読み方はほとんどひとつなので、ひとつの読み方を覚えればいろんな単語を覚えられるよ！

Lesson 2

ハングルのしくみと組み合わせ

ハングルはローマ字と同じように、
子音文字と母音文字の組み合わせでできています。
文字の組み合わせは、 次のように2通りです。

ローマ字を読むのと同じだから、
すぐ読めるようになるよ!

【1】子音+母音の組み合わせ

●上下パターン

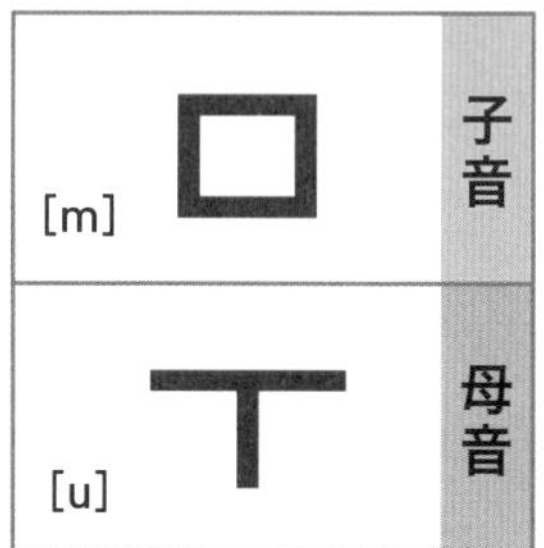

mu=ム

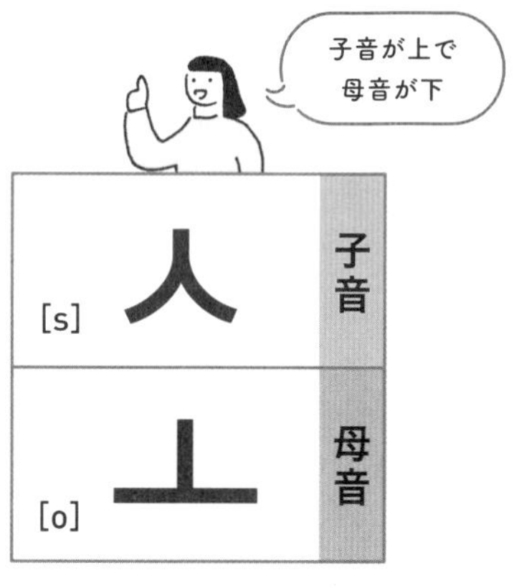

●左右パターン

子音	母音
ㅂ [p]	ㅏ [a]

pa=パ

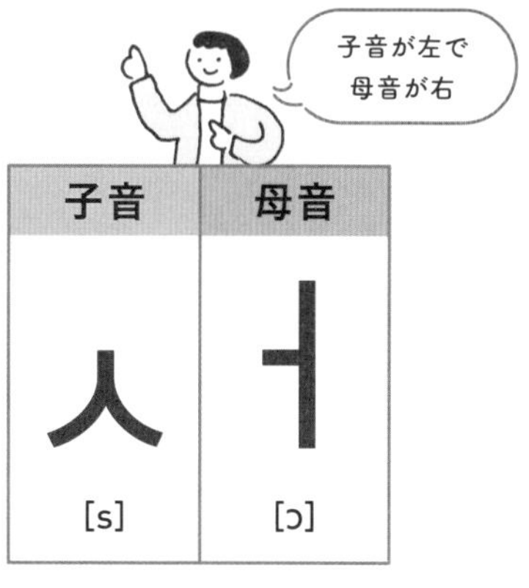

sɔ=ソ

【2】子音+母音+子音(パッチム)の組み合わせ

くわしくはP30で説明するよ!

● 上下+パッチムパターン

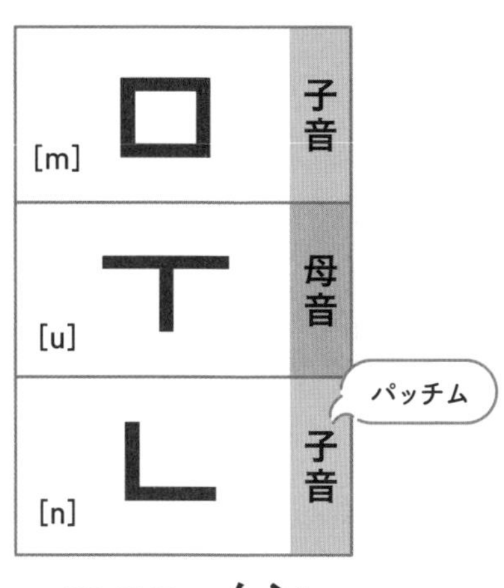

mun=ムン

● 左右+パッチムパターン

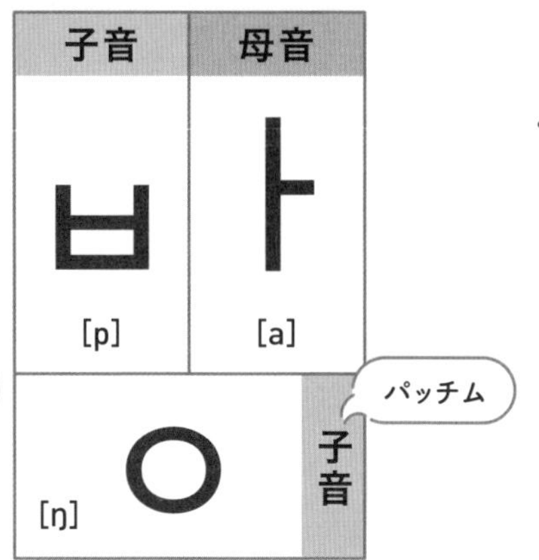

paŋ=パン

ハングルは区切らないと意味がわかりにくいため、分かち書きという、文を区切って書く決まりがあるよ! 基本的には文節ごとに分けるよ。

例 어제(オジェ) 친구와(チングワ) 같이(カチ) 도서관에(トソグヮネ) 갔어요(カッソヨ).

きのう/友だちと/一緒に/図書館に/行きました。

Chapter 1 / Chapter 2 / Chapter 3 / Chapter 4

Track 003

Lesson 3

基本母音を覚えよう

ハングルには基本の母音が10個あります。
日本語の「ヤユヨ」にあたる「야여요유」も母音にふくまれるのが特徴。

母音だけを書くときは、子音のㅇをつけます

ア
아
[a]

日本語の「ア」とほぼ同じ音。口を大きく開けて発音します。

オ
어
[ɔ]

日本語にはない音。口を大きく開けて「オ」と発音します。

オ
오
[o]

日本語の「オ」とほぼ同じ音。口をすぼめて発音します。

ウ
우
[u]

日本語の「ウ」と似ている音。口を丸くすぼめて前に突き出しながら発音します。

ウ
으
[ɯ]

日本語の「ウ」と似ている音。口を横に引いて「イ」の唇で「ウ」と発音します。

ヤ
야
[ya]

日本語の「ヤ」とほぼ同じ音。아に横棒が加わった形です。

ヨ
여
[yɔ]

日本語にはない音。口を大きく開けて「ヨ」と発音します。어に横棒が加わった形です。

ヨ
요
[yo]

日本語の「ヨ」とほぼ同じ音。口をすぼめて発音します。오に縦棒が加わった形です。

ユ
유
[yu]

日本語の「ユ」とほぼ同じ音。口をすぼめて発音します。우に縦棒が加わった形です。

イ
이
[i]

日本語の「イ」とほぼ同じ音。口を横に引いてはっきり「イ」と発音します。

- ㅏㅓㅣㅑㅕはㅇの右に書くよ。
- ㅗㅜㅡㅛㅠはㅇの下に書くよ。

ここでcheck

縦棒に右横棒、右横棒2つ、左横棒、左横棒2つ…というように、規則的に並べられているよ

1 次のハングルを書いてみましょう。

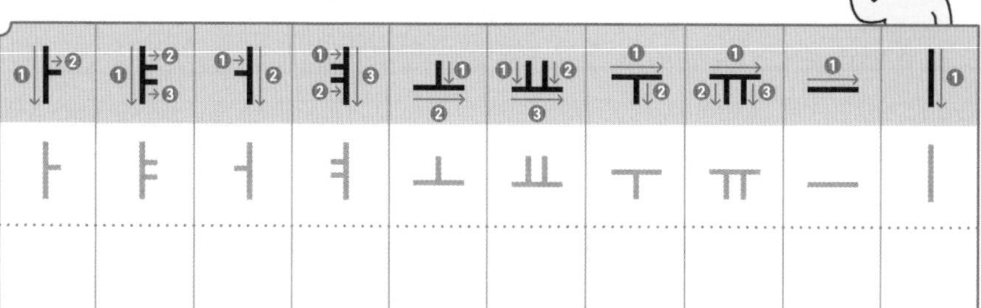

ㅏ	ㅑ	ㅓ	ㅕ	ㅗ	ㅛ	ㅜ	ㅠ	ㅡ	ㅣ
ㅏ	ㅑ	ㅓ	ㅕ	ㅗ	ㅛ	ㅜ	ㅠ	ㅡ	ㅣ

아	야	어	여	오	요	우	유	으	이
아	야	어	여	오	요	우	유	으	이

2 次のハングルを読んで、書いてみましょう。 Track 004

① 아이（子ども） → ……………… ……………… ………………

② 오이（キュウリ） → ……………… ……………… ………………

③ 아우（弟） → ……………… ……………… ………………

④ 여우（キツネ） → ……………… ……………… ………………

⑤ 우유（牛乳） → ……………… ……………… ………………

基本子音を覚えよう

ハングルには、 子音を表す文字が19個あります。
ここではまず、 9個の基本子音について見ていきましょう。

子音の名前	文字	発音	説明
キヨㇰ	ㄱ	[k/g]	日本語のカ行／ガ行とほぼ同じ音。語中では濁った音になります。 例 가구(家具)
ニウン	ㄴ	[n]	日本語のナ行とほぼ同じ音。 例 나무(木)
ティグッ	ㄷ	[t/d]	日本語のタ行／ダ行とほぼ同じ音。語中では濁った音になります。 例 다도(茶道)
リウル	ㄹ	[r/l]	日本語のラ行とほぼ同じ音。 例 라디오(ラジオ) パッチムのときは[l]と発音します。 例 물(水)
ミウㇺ	ㅁ	[m]	日本語のマ行とほぼ同じ音。 例 메모(メモ)
ピウㇷ゚	ㅂ	[p/b]	日本語のパ行／バ行とほぼ同じ音。語中では濁った音になります。 例 부부(夫婦)
シオッ	ㅅ	[s/ʃ]	日本語のサ行とほぼ同じ音。 例 스위스(スイス)
イウン	ㅇ	[-/ŋ]	無音の子音。母音をそのまま発音します。 例 아이(子ども) パッチムのときは[ŋ]と発音します。 例 강(川)
チウッ	ㅈ	[ʧ/ʤ]	日本語のチャ行／ヂャ行とほぼ同じ音。語中では濁った音になります。 例 주주(株主)

ㄱ、ㄷ、ㅂ、ㅈの4つの子音は語頭では濁らず、語中では濁った音になります。発音について、くわしくは32〜37ページを見てね！

ここでcheck

1 次のハングルを読みながら書いてみましょう。

子音＼母音		ㅏ [a]	ㅑ [ya]	ㅓ [ɔ]	ㅕ [yɔ]	ㅗ [o]	ㅛ [yo]	ㅜ [u]	ㅠ [yu]	ㅡ [ɯ]	ㅣ [i]
ㄱ	[k/g]	가 カ	갸	거	겨	고	교	구	규	그	기
ㄴ	[n]		냐 ニャ								
ㄷ	[t/d]			더 ト							
ㄹ	[r/l]				려 リョ						
ㅁ	[m]					모 モ					
ㅂ	[p/b]						뵤 ピョ				
ㅅ	[s/ʃ]							수 ス			
ㅇ	[-/ŋ]								유 ユ		
ㅈ	[ʧ/ʤ]									즈 チュ	

- ㄱは、母音の入る位置によって子音の形が少し変わるんだ！ 가거기のように右に母音がつく場合は1画目を左にはらい、고구그のように下に母音がつく場合はまっすぐにおろすよ。
- ㅈは、書くときはㅈと書くことが多いよ。

2 次のハングルを読んで、 書いてみましょう。 Track 006

① 누나（姉） →

② 어머니（お母さん） →

③ 나라（国） →

④ 소리（音・声） →

⑤ 가수（歌手） →

⑥ 고기（肉） →

⑦ 바다（海） →

⑧ 지도（地図） →

⑨ 부부（夫婦） →

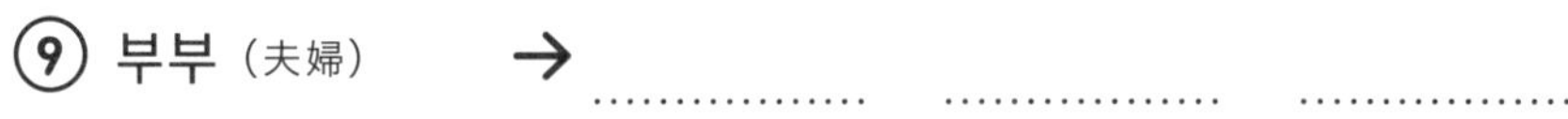

⑩ 모자（帽子） →

3 イラストの中から、次の単語を見つけてみましょう。

① 누나（姉）　② 어머니（お母さん）　③ 나라（国）

④ 소리（音・声）　⑤ 구두（靴）　⑥ 두부（豆腐）

⑦ 바다（海）　⑧ 모자（帽子）

フォントがちがうとちがう文字に
見えちゃうかも！よく見てみよう！

Lesson 5

合成母音を覚えよう①

基本の子音と母音のほかに、合成母音があります。合成母音とは、ㅔ(ㅓ+ㅣ)、ㅐ(ㅏ+ㅣ)などのように、2つの母音が組み合わさってできたものです。ハングルの母音には11個の合成母音があります。ここでは、4個の合成母音を見てみましょう。

母音だけを書くときは、子音のㅇをつけます

エ 에 [e] 어 [ɔ] + 이 [i]	日本語の「エ」とほぼ同じ音。
イェ 예 [ye] 여 [yɔ] + 이 [i]	日本語の「イェ」とほぼ同じ音。
エ 애 [ɛ] 아 [a] + 이 [i]	日本語の「エ」に近い音。口を大きく開けて「エ」と発音します。
イェ 얘 [yɛ] 야 [ya] + 이 [i]	日本語の「イェ」に近い音。口を大きく開けて「イェ」と発音します。

最近では発音の区別がなくなって、「애」は「에」に近く、「얘」は「예」に近く発音するようになったよ！

ここでcheck

ㅐはエイチ（H）の「エ」と覚えよう！

1 ⋮ 次のハングルを書いてみましょう。

ㅔ	ㅖ	ㅐ	ㅒ	에	예	애	얘
ㅔ	ㅖ	ㅐ	ㅒ	에	예	애	얘

2 ⋮ イラストの中から、 次の単語を見つけてみましょう。

① 에어（エア） ② 예（例） ③ 우애（友愛） ④ 얘（この子）

Lesson 6

Track 008

合成母音を覚えよう②

つづいて、残りの7個の合成母音を紹介します。文字をよく見てみると、たとえば와[wa]は오[o]+아[a]、워[wɔ]は우[u]+어[ɔ]が合体して、ひとつの文字になっているのがわかります。

母音を書くときは、必ず子音のㅇをつけます

ワ **와** [wa] 오(オ) [o] +아(ア) [a]	日本語の「ワ」とほぼ同じ音。
ウォ **워** [wɔ] 우(ウ) [u] +어(オ) [ɔ]	日本語の「ウォ」とほぼ同じ音。
ウェ **왜** [wɛ] 오(オ) [o] +애(エ) [ɛ]	日本語の「ウェ」とほぼ同じ音。口をしっかり開いて発音します。
ウェ **웨** [we] 우(ウ) [u] +에(エ) [e]	日本語の「ウェ」とほぼ同じ音。
ウェ **외** [we] 오(オ) [o] +이(イ) [i]	日本語の「ウェ」とほぼ同じ音。口をややつき出して発音します。
ウィ **위** [wi] 우(ウ) [u] +이(イ) [i]	日本語の「ウィ」とほぼ同じ音。口をややつき出して発音します。
ウイ **의** [ɯi] 으(ウ) [ɯ] +이(イ) [i]	日本語の「ウイ」とほぼ同じ音。口を横に引いたまま発音します。 どの位置にあるかで発音が変わります ①ウとイを一気に「ウイ」と発音。例 의미(ウイミ)(意味)、의사(ウイサ)(医師) ②語頭以外は「イ」と発音。例 예의(イェイ)(礼儀)、무늬(ムニ)(模様) ③助詞「～の」のときは「エ」と発音。例 아이의(アイエ)(子どもの)

ここでcheck

1 次のハングルを書いてみましょう。

ㅘ	ㅝ	ㅙ	ㅞ	ㅚ	ㅟ	ㅢ
ㅘ	ㅝ	ㅙ	ㅞ	ㅚ	ㅟ	ㅢ

와	워	왜	웨	외	위	의
와	워	왜	웨	외	위	의

2 次のハングルを読んで、 書いてみましょう。 Track 009

① 와요（来ます） → ……………… ……………… ………………

② 왜 （なぜ） → ……………… ……………… ………………

③ 웨아（ウェア） → ……………… ……………… ………………

④ 위 （上） → ……………… ……………… ………………

⑤ 외워요（覚えます） → ……………… ……………… ………………

Lesson 7

激音を覚えよう

激音とは、基本の子音（平音）よりも強く息を吐き出して発音する文字のことです。たとえば、「雨」は비 [pi] ですが、「血」は피 [p^hi] と発音します。日本語ではどちらも「ピ」ですが、韓国語では発音が異なります。文字は、基本子音に棒がひとつ加わった形が多いです。

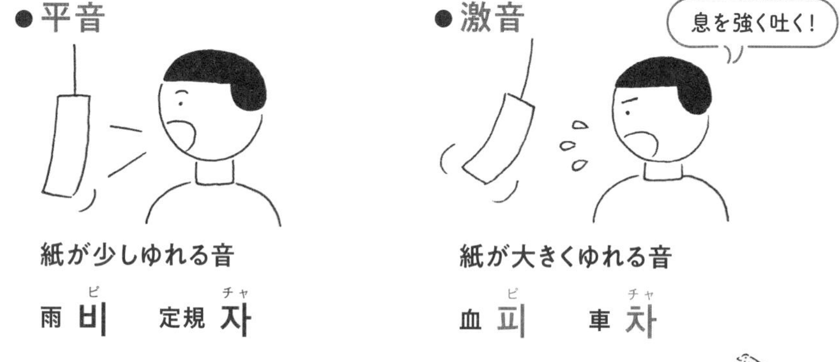

●平音

紙が少しゆれる音

雨 비[ピ]　定規 자[チャ]

●激音

紙が大きくゆれる音

血 피[ピ]　車 차[チャ]

激音	平音	発音のしかた
ㅋ [k^h]	ㄱ	息を強く出しながら、「カ」行を発音します。 例 카메라[カメラ]（カメラ）、커피[コピ]（コーヒー）、초코[チョコ]（チョコ）
ㅌ [t^h]	ㄷ	息を強く出しながら、「タ」行を発音します。 例 테니스[テニス]（テニス）、투수[トゥス]（投手）、노트[ノトゥ]（ノート）
ㅍ [p^h]	ㅂ	息を強く出しながら、「パ」行を発音します。 例 피아노[ピアノ]（ピアノ）、포도[ポド]（ブドウ）、우표[ウピョ]（切手）
ㅎ [h]	ㅇ	「ハ」行を発音します。 例 하나[ハナ]（ひとつ）、허리[ホリ]（腰）、오후[オフ]（午後）
ㅊ [$ʧ^h$]	ㅈ	息を強く出しながら、「チャ」行を発音します。 例 치마[チマ]（スカート）、채소[チェソ]（野菜）、고추[コチュ]（唐辛子）

ここでcheck

母音をアイウエオ順にならべたよ！
覚えやすいね！

1 次のハングルを読みながら書いてみましょう。

	ㅏ [a]	ㅣ [i]	ㅜ [u]	ㅡ [ɯ]	ㅔ [e]	ㅐ [ɛ]	ㅗ [o]	ㅓ [ɔ]
ㅋ [k^h]	카 カ	키 キ	쿠 ク	크 ク	케 ケ	캐 ケ	코 コ	커 コ
ㅌ [t^h]		티 ティ						
ㅍ [p^h]			푸 プ					
ㅎ [h]				흐 フ				
ㅊ [$ʧ^h$]					체 チェ			

- ㅋは母音の入る位置によって子音の形が少し変わるんだ！ 카커키のように右に母音がつく場合は１画目を左にはらい、코쿠크のように下に母音がつく場合はまっすぐにおろすよ。
- ㅊとㅎは、書くときはㅊㅎと書くことが多いよ。

2 次の単語を見つけてみましょう。

① 카메라（カメラ） ② 커피（コーヒー）

③ 토마토（トマト） ④ 고추（唐辛子）

Lesson 8

濃音を覚えよう

濃音とは、のどをつまらせて息をもらさないように発音する文字です。基本の子音「ㄱ、ㄷ、ㅂ、ㅅ、ㅈ」を2つ並べて、「ㄲ、ㄸ、ㅃ、ㅆ、ㅉ」と書きます。

● 平音

紙が少しゆれる音

買う 사다[サダ]　寝る 자다[チャダ]

● 濃音

紙がゆれない音

安い 싸다[ッサダ]　しょっぱい 짜다[ッチャダ]

濃音	平音	発音のしかた
ㄲ [ˀk]	ㄱ	のどがつまったように「カ」行を発音します。「까」は「まっか」の「ッカ」に似た音。 例 꼬리[ッコリ](しっぽ)、토끼[トッキ](ウサギ)、꿈[ックム](夢)
ㄸ [ˀt]	ㄷ	のどがつまったように「タ」行を発音します。「따」は「ばったり」の「ッタ」に似た音。 例 때[ッテ](時)、또[ット](また)、때밀이[ッテミリ](あかすり)
ㅃ [ˀp]	ㅂ	のどがつまったように「パ」行を発音します。「빠」は「やっぱり」の「ッパ」に似た音。 例 뿌리[ップリ](根っこ)、뽀뽀[ッポッポ](チュー、キス)、오빠[オッパ](兄)
ㅆ [ˀs]	ㅅ	のどがつまったように「サ」行を発音します。「싸」は「あっさり」の「ッサ」に似た音。 例 쓰레기[ッスレギ](ゴミ)、싸다[ッサダ](安い)、아저씨[アジョッシ](おじさん)
ㅉ [ˀʧ]	ㅈ	のどがつまったように「チャ」行を発音します。「짜」は「へっちゃら」の「ッチャ」に似た音。 例 찌개[ッチゲ](鍋料理)、짜다[ッチャダ](塩辛い)、가짜[カッチャ](にせもの)

ここでcheck

1 次のハングルを読みながら書いてみましょう。

	ㅏ [a]	ㅣ [i]	ㅜ [u]	ㅡ [ɯ]	ㅔ [e]	ㅐ [ɛ]	ㅗ [o]	ㅓ [ɔ]
ㄲ [ˀk]	까 ッカ	끼 ッキ	꾸 ック	끄 ック	께 ッケ	깨 ッケ	꼬 ッコ	꺼 ッコ
ㄸ [ˀt]		띠 ッティ						
ㅃ [ˀp]			뿌 ップ					
ㅆ [ˀs]				쓰 ッス				
ㅉ [ˀʧ]					쩨 ッチェ			

- ㄲは母音の入る位置によって子音の形が少し変わるんだ！ 까꺼끼のように右に母音がつく場合は1画目を左にはらい、끄꼬のように下に母音文字がつく場合はまっすぐにおろすよ。
- ㅉは、書くときはㅉと書くことが多いよ。

2 次のハングルを読んで、書いてみましょう。 Track 012

① 깨 （ごま） → ……………… ……………… ………………

② 또 （また） → ……………… ……………… ………………

③ 아빠 （パパ） → ……………… ……………… ………………

④ 가짜 （にせもの） → ……………… ……………… ………………

パッチムを覚えよう

P15で学んだように、ハングル文字には「간、날、담、랑…」などのように、母音+子音の組み合わせの下に、もう1つの子音がつくことがあります。このもう1つの子音を「パッチム(받침)」と言います。

子音＋母音の
下にあるのが
パッチムだね！

●子音+母音+パッチム

子音[無音]+母音[a]+パッチムㄱ[k]で「アㇰ」、パッチムㄴ[n]で「アン」と読みます。
パッチムにはいろんな文字が使われますが、発音は「ㄱ、ㄴ、ㄷ、ㄹ、ㅁ、ㅂ、ㅇ」の7種類だけです。

●子音+母音+二重パッチム

パッチムには「ㄳ、ㄵ、ㄺ、ㄻ、ㅄ…」などのように、2つの異なる子音が並ぶ「二重パッチム」もあります。ほとんどが、左のパッチムを発音しますが、数字の27、20に似ているㄺ、ㄻと、「밟다(踏む)」だけは右の文字を読みます。

●パッチム一覧表

「ㄸ、ㅃ、ㅉ」以外のすべての子音がパッチムになります。種類は多いですが、発音は「ㄱ、ㄴ、ㄷ、ㄹ、ㅁ、ㅂ、ㅇ」の7つだけです。

発音	パッチム	単語	パッチム	単語
ㄱ [k]	ㄱ、ㅋ、ㄲ	약〈ヤク〉(薬)、약속〈ヤクソク〉(約束)	ㄳ、ㄺ	삯〈サク〉[삭](賃金)、닭〈タク〉[닥](鶏)
ㄴ [n]	ㄴ	팬〈ペン〉(ファン)、연인〈ヨニン〉(恋人)	ㄵ、ㄶ	앉다〈アンタ〉[안따](座る)、많다〈マンタ〉[만타](多い)
ㄷ [t]	ㄷ、ㅌ、ㅅ、ㅆ、ㅈ、ㅊ、ㅎ	낮〈ナッ〉[낟](昼)、꽃〈ッコッ〉[꼳](花)、옷〈オッ〉[옫](服)		
ㄹ [l]	ㄹ	말〈マル〉(言葉、馬)、물〈ムル〉(水)、호텔〈ホテル〉(ホテル)	ㄼ、ㄽ、ㄾ、ㅀ	짧다〈ッチャルッタ〉[짤따](短い)、넓다〈ノルッタ〉[널따](広い)、외곬〈ウェゴル〉[외골](一筋)
ㅁ [m]	ㅁ	남〈ナム〉(他人)、몸〈モム〉(体)、봄〈ポム〉(春)、춤〈チュム〉(踊り)、김〈キム〉(海苔)	ㄻ	삶〈サム〉[삼](人生)
ㅂ [p]	ㅂ、ㅍ	밥〈パプ〉(ご飯)、입〈イプ〉(口)、지갑〈チガプ〉(財布)	ㅄ、ㄼ	값〈カプ〉[갑](値段)、없다〈オプタ〉[업따](ない、いない)、밟다〈パプタ〉[밥따](踏む)
ㅇ [ŋ]	ㅇ	강〈カン〉(川)、공〈コン〉(ボール)、빵〈ッパン〉(パン)、사랑〈サラン〉(愛)		

[ ]内は、じっさいの発音だよ！

まとめてcheck

韓国語の発音ルール

韓国語では発音のしやすさを優先するため、文字の表記と発音が異なる場合があります。ここでは代表的なルールを紹介します。
発音についてわからなくなったら、
このページにもどってくるようにしましょう。

［ ］内は、
じっさいの発音だよ！

ルール❶ のりうつりの法則（連音化）

パッチムの音がㅇにのりうつる！

パッチムの直後に子音ㅇがくると、パッチムの音がㅇにうつります。
二重パッチムの場合は、左側の子音はパッチムとして残り、
右側のパッチムの音がうつります。

発音のスペル

단어 単語　단（タン）＋ 어（オ）→ 단어　［다너（タノ）］
（단：パッチム、어：ㅇで始まる、ㄴがのりうつる）

発音のスペル

서울에 ソウルに　서울（ソウル）＋ 에（エ）→ 서울에　［서우레（ソウレ）］
（울：パッチム、에：ㅇで始まる、ㄹがのりうつる）

パッチムもㅇのときは、ガ行の濁った音になり、連音化（のりうつり）はしないよ。

子犬 강아지（カンアジ）　カバンに 가방에（カバンエ）

ルール❷ プブの法則（有声音化1）

単語の間は濁った音で発音！

子音ㄱ、ㄷ、ㅂ、ㅈは、単語のはじめはそのままの音ですが、語中では濁った音になります。

부부 夫婦

부（プ） + 부（プ） → 부부（プブ）

語中だと濁る

구두 靴

구（ク） + 두（トゥ） → 구두（クドゥ）

語中だと濁る

ルール❸ カルビの法則（有声音化2）

特定のパッチムのあとは濁った音に！

パッチムㄴ、ㄹ、ㅁ、ㅇのあとにㄱ、ㄷ、ㅂ、ㅈが続くと、それぞれ濁った音になります。

갈비 カルビ

갈（カル） + 비（ピ） → 갈비（カルビ）

パッチム　濁る

명동 明洞

명（ミョン） + 동（トン） → 명동（ミョンドン）

パッチム　濁る

Chapter 1
Chapter 2
Chapter 3
Chapter 4

ルール❹ カチクジの法則（口蓋音化）

ㅌ、ㄷのあとに이が続くと変化する！

パッチムㅌ、ㄷのあとに이が続くと、パッチムㅌはㅊに、ㄷはㅈに変わります。このルールの単語は少ないので、出てきたら覚えておくのがおすすめです。

発音のスペル

같이 いっしょに　같（カッ）＋이（イ）→ 같이 → 가티 ［가치（カチ）］
（같：パッチム　티：発音ㅊに）

発音のスペル

굳이 あえて　굳（クッ）＋이（イ）→ 굳이 → 구디 ［구지（クジ）］
（굳：パッチム　디：発音ㅈに）

ルール❺ ㅎ弱体の法則（ㅎの弱音化）

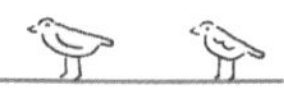

ㅎの音を弱く発音する！

パッチムㄴ、ㄹ、ㅁ、ㅇのあとにㅎが続くと、ㅎは弱く発音するか、ほとんど発音しません。

発音のスペル

은행 銀行　은（ウン）＋행（ヘン）→ 은행 ［으냉（ウネン）］
（은：パッチム　행：弱い音に）

発音のスペル

미안해요 ごめんなさい　미안（ミアン）＋해요（ヘヨ）→ 미안해요 ［미아내요（ミアネヨ）］
（안：パッチム　해：弱い音に）

また、パッチムのㅎ、ㄶ、ㅀのあとに母音の発音が続くとき、ㅎは発音しません。

発音のスペル

좋아요　좋(チョッ)＋아(ア)＋요(ヨ)→좋아요［조아요(チョアヨ)］
よいです
좋：パッチム
좋の下のㅎ：発音しない

発音のスペル

싫어요　싫(シル)＋어(オ)＋요(ヨ)→싫어요［시러요(シロヨ)］
嫌いです
싫：パッチム
싫の下のㅎ：発音しない

ルール❻ N→Rの法則（流音化）

ㄴがㄹに変化！

パッチムㄴのあとにㄹ、パッチムㄹのあとにㄴが続くとき、どちらの場合もㄴ［n］がㄹ［r/l］の音に変わります。

発音のスペル

편리　편(ピョン)＋리(リ)→편리［펼리(ピョルリ)］
便利
편：パッチム
리：ㄹになる

発音のスペル

실내　실(シル)＋내(ネ)→실내［실래(シルレ)］
室内
실：パッチム
내：ㄹになる

ルール❼ クッパの法則（濃音化）

発音が詰まる濃音に！

パッチムㄱ、ㄷ、ㅂのあとに子音ㄱ、ㄷ、ㅂ、ㅅ、ㅈが続くと、その子音は濃音になります。

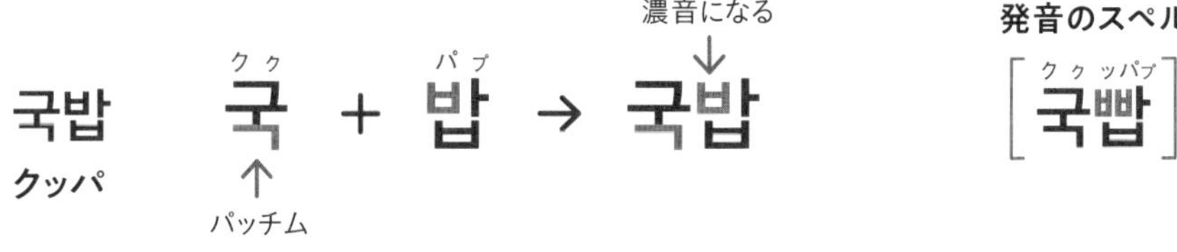

ルール❽ ユッケの法則（激音化）

ㅎと合体して激音に！

パッチムㄱ、ㄷ、ㅂのあとにㅎが続くと、パッチムはㅎと合体して激音ㅋ、ㅌ、ㅍになります。また、パッチムㅎのあとにㄱ、ㄷ、ㅈが続くときも、それぞれ合体してㅋ、ㅌ、ㅊに変わります。

ルール❾ イムニダの法則（鼻音化）

パッチムの音が変化！

パッチムㄱ、ㄷ、ㅂのあとに子音ㄴ、ㅁが続くと、パッチムそれぞれの音がㅇ、ㄴ、ㅁに変わります。

発音のスペル

입니다　입(イプ) + 니(ニ) + 다(タ) → 입니다　[임니다(イムニダ)]
~です　↑パッチム　↑ㅁに変化

国民

국민　국(クク) + 민(ミン) → 국민　[궁민(クンミン)]
国民　↑パッチム　↑ㅇに変化

Chapter 1
Chapter 2
Chapter 3
Chapter 4

Lesson 10

ハングルで自分の名前を書いてみよう

対照表を参考に、 かなをハングルで書く練習をしてみましょう!

色文字は
語中・語尾のときだよ

●かなとハングルの対照表

	ア	イ	ウ	エ	オ
ア	아 ア	이 イ	우 ウ	에 エ	오 オ
カ	가 / 카 カ	기 / 키 キ	구 / 쿠 ク	게 / 케 ケ	고 / 코 コ
サ	사 サ	시 シ	스 ス	세 セ	소 ソ
タ	다 / 타 タ	지 / 치 チ	쓰 ツ	데 / 테 テ	도 / 토 ト
ナ	나 ナ	니 ニ	누 ヌ	네 ネ	노 ノ
ハ	하 ハ	히 ヒ	후 フ	헤 ヘ	호 ホ
マ	마 マ	미 ミ	무 ム	메 メ	모 モ
ヤ	야 ヤ		유 ユ		요 ヨ
ラ	라 ラ	리 リ	루 ル	레 レ	로 ロ
ワ	와 ワ				오 ヲ
ガ	가 ガ	기 ギ	구 グ	게 ゲ	고 ゴ
ザ	자 ザ	지 ジ	즈 ズ	제 ゼ	조 ゾ
ダ	다 ダ	지 ヂ	즈 ヅ	데 デ	도 ド
バ	바 バ	비 ビ	부 ブ	베 ベ	보 ボ
パ	파 パ	피 ピ	푸 プ	페 ペ	포 ポ
キャ	갸 / 캬 キャ		규 / 큐 キュ		교 / 쿄 キョ

シャ	샤 シャ		슈 シュ		쇼 ショ
ジャ	자 ジャ		주 ジュ		조 ジョ
チャ	자 / 차 チャ		주 / 추 チュ		조 / 초 チョ
ニャ	냐 ニャ		뉴 ニュ		뇨 ニョ
ヒャ	햐 ヒャ		휴 ヒュ		효 ヒョ
ビャ	뱌 ビャ		뷰 ビュ		뵤 ビョ
ピャ	퍄 ピャ		퓨 ピュ		표 ピョ
ミャ	먀 ミャ		뮤 ミュ		묘 ミョ
リャ	랴 リャ		류 リュ		료 リョ

【1】「ッ」は「ㅅ」、「ン」は「ㄴ」のパッチムで表記する

例　北海道　銀座

ホッカイド　ギンザ
홋카이도　긴자

【2】長音は表記しない

例　大田次郎　新大久保　東京

オータ ジロー　シンオークボ　トーキョー
오타 지로　신오쿠보　도쿄

ここでcheck

1 次の人名や地名をハングルで書いてみましょう。

① 自分の名前 → ……………………………………

② 好きな人の名前 → ……………………………………

③ 最寄りの駅名 → ……………………………………

ハングル早見表

子音＼母音		ㅏ [a]	ㅑ [ya]	ㅓ [ɔ]	ㅕ [yɔ]	ㅗ [o]	ㅛ [yo]	ㅜ [u]	ㅠ [yu]	ㅡ [ɯ]	ㅣ [i]
ㄱ	[k/g]	가 カ	갸 キャ	거 コ	겨 キョ	고 コ	교 キョ	구 ク	규 キュ	그 ク	기 キ
ㄴ	[n]	나 ナ	냐 ニャ	너 ノ	녀 ニョ	노 ノ	뇨 ニョ	누 ヌ	뉴 ニュ	느 ヌ	니 ニ
ㄷ	[t/d]	다 タ	댜 ティャ	더 ト	뎌 ティョ	도 ト	됴 ティョ	두 トゥ	듀 ティュ	드 トゥ	디 ティ
ㄹ	[r/l]	라 ラ	랴 リャ	러 ロ	려 リョ	로 ロ	료 リョ	루 ル	류 リュ	르 ル	리 リ
ㅁ	[m]	마 マ	먀 ミャ	머 モ	며 ミョ	모 モ	묘 ミョ	무 ム	뮤 ミュ	므 ム	미 ミ
ㅂ	[p/b]	바 パ	뱌 ピャ	버 ポ	벼 ピョ	보 ポ	뵤 ピョ	부 プ	뷰 ピュ	브 プ	비 ピ
ㅅ	[s/ʃ]	사 サ	샤 シャ	서 ソ	셔 ショ	소 ソ	쇼 ショ	수 ス	슈 シュ	스 ス	시 シ
ㅇ	[-/ŋ]	아 ア	야 ヤ	어 オ	여 ヨ	오 オ	요 ヨ	우 ウ	유 ユ	으 ウ	이 イ
ㅈ	[ʧ/ʤ]	자 チャ	쟈 チャ	저 チョ	져 チョ	조 チョ	죠 チョ	주 チュ	쥬 チュ	즈 チュ	지 チ
ㅊ	[ʧʰ]	차 チャ	챠 チャ	처 チョ	쳐 チョ	초 チョ	쵸 チョ	추 チュ	츄 チュ	츠 チュ	치 チ
ㅋ	[kʰ]	카 カ	캬 キャ	커 コ	켜 キョ	코 コ	쿄 キョ	쿠 ク	큐 キュ	크 ク	키 キ
ㅌ	[tʰ]	타 タ	탸 ティャ	터 ト	텨 ティョ	토 ト		투 トゥ	튜 ティュ	트 トゥ	티 ティ
ㅍ	[pʰ]	파 パ	퍄 ピャ	퍼 ポ	펴 ピョ	포 ポ	표 ピョ	푸 プ	퓨 ピュ	프 プ	피 ピ
ㅎ	[h]	하 ハ	햐 ヒャ	허 ホ	혀 ヒョ	호 ホ	효 ヒョ	후 フ	휴 ヒュ	흐 フ	히 ヒ
ㄲ	[ˀk]	까 ッカ	꺄 ッキャ	꺼 ッコ	껴 ッキョ	꼬 ッコ		꾸 ック		끄 ック	끼 ッキ
ㄸ	[ˀt]	따 ッタ		떠 ット		또 ット		뚜 ットゥ		뜨 ットゥ	띠 ッティ
ㅃ	[ˀp]	빠 ッパ	뺘 ッピャ	뻐 ッポ	뼈 ッピョ	뽀 ッポ	뾰 ッピョ	뿌 ップ		쁘 ップ	삐 ッピ
ㅆ	[ˀs]	싸 ッサ		써 ッソ		쏘 ッソ		쑤 ッス		쓰 ッス	씨 ッシ
ㅉ	[ˀʧ]	짜 ッチャ		쩌 ッチョ	쪄 ッチョ	쪼 ッチョ	쬬 ッチョ	쭈 ッチュ		쯔 ッチュ	찌 ッチ

空欄には理論上文字が存在するけど、じっさいにはほとんど使われないよ。

ㅐ [ɛ]	ㅒ [yɛ]	ㅔ [e]	ㅖ [ye]	ㅘ [wa]	ㅙ [wɛ]	ㅚ [we]	ㅝ [wɔ]	ㅞ [we]	ㅟ [wi]	ㅢ [ɯi]
개 ケ	걔 ケ	게 ケ	계 ケ	과 クヮ	괘 クェ	괴 クェ	궈 クォ	궤 クェ	귀 クィ	
내 ネ		네 ネ		놔 ヌヮ		뇌 ヌェ	눠 ヌォ		뉘 ヌィ	늬 ニ
대 テ		데 テ			돼 トゥェ	되 トゥェ	둬 トゥォ	뒈 トゥェ	뒤 トゥィ	
래 レ		레 レ	례 レ			뢰 ルェ	뤄 ルォ		뤼 ルィ	
매 メ		메 メ				뫼 ムェ	뭐 ムォ		뮈 ムィ	
배 ペ		베 ペ		봐 プヮ	봬 プェ	뵈 プェ			뷔 プィ	
새 セ	섀 シェ	세 セ	셰 シェ	솨 スヮ	쇄 スェ	쇠 スェ	숴 スォ	쉐 スェ	쉬 シュィ	
애 エ	얘 イェ	에 エ	예 イェ	와 ワ	왜 ウェ	외 ウェ	워 ウォ	웨 ウェ	위 ウィ	의 ウイ
재 チェ	쟤 チェ	제 チェ		좌 チュヮ	좨 チュェ	죄 チュェ	줘 チュォ	줴 チュェ	쥐 チュィ	
채 チェ		체 チェ				최 チュェ	춰 チュォ	췌 チュェ	취 チュィ	
캐 ケ		케 ケ		콰 クヮ	쾌 クェ	쾨 クェ	쿼 クォ	퀘 クェ	퀴 クィ	
태 テ		테 テ				퇴 トゥェ	퉈 トゥォ	퉤 トゥェ	튀 トゥィ	틔 ティ
패 ペ		페 ペ	폐 ペ						퓌 プィ	
해 ヘ		헤 ヘ	혜 ヘ	화 フヮ	홰 フェ	회 フェ	훠 フォ	훼 フェ	휘 フィ	희 ヒ
깨 ッケ		께 ッケ		꽈 ックヮ	꽤 ックェ	꾀 ックェ	꿔 ックォ	꿰 ックェ	뀌 ックィ	
때 ッテ		떼 ッテ		똬 ットゥヮ	뙈 ットゥェ	뙤 ットゥェ			뛰 ットゥィ	띄 ッティ
빼 ッペ		뻬 ッペ								
쌔 ッセ		쎄 ッセ		쏴 ッスヮ	쐐 ッスェ	쐬 ッスェ	쒀 ッスォ			씌 ッシ
째 ッチェ		쩨 ッチェ				쬐 ッチュェ	쭤 ッチュォ		쮜 ッチュィ	

Chapter 1

Chapter 2

Chapter 3

Chapter 4

COLUMN 1

韓国語の敬語

韓国では、儒教の影響で「長幼の序（年長者と年少者の間に存在する秩序）」が根付いているため、目上の人に対しては敬語が必須です。いっぽう、自分より下の年齢や立場の人には、日本語のタメ口にあたるくだけた言葉づかい「반말」を使います。韓国人は人との付き合いで距離を置くことを嫌うので、「반말」はお近づきのしるしでもあるのです。

このような一般的なルールはありますが、韓国での敬語の使い方はとても複雑でデリケートです。

例えば、女性の場合は先輩でも親しければ「반말」を使うこともありますが、それは仲間内でだけで、オフィシャルの場では先輩には敬語です。また、仲の良い親子で、家庭内では「반말」でも、他人の前では親には敬語です。あるいは上司は部下に対して「반말」を使うことが多いですが、部下に嫌な顔をされたら、敬語になることもあります。

このように、年齢、親しさの度合い、社会的立場、性格、時代背景などによって、韓国人は敬語と「반말」を使い分けています。そして、言葉づかいひとつでけんかになることも、たびたびあるのです。

Chapter 2

きほんの単語とフレーズ

文字が読めるようになると、韓国語を学ぶのがどんどん楽しくなりますね。次は語彙を増やしていきましょう！　この章では、きほんの単語やフレーズを紹介しています。単語もフレーズも、韓国に旅行したときに現地で使えるものを厳選しています。韓国人と出会ったとき、現地でのグルメやショッピングの場面で、ぜひ使ってみてください。

Lesson 1

きほんの単語① 家族

韓国語の家族の名前は、日本語と似ているようでちがうところがあります。例えば「お兄さん・お姉さん」は、弟から見るか妹から見るかで呼び方が違います。韓国人の友人ができたら使ってみて！

●家族 가족（カジョク）

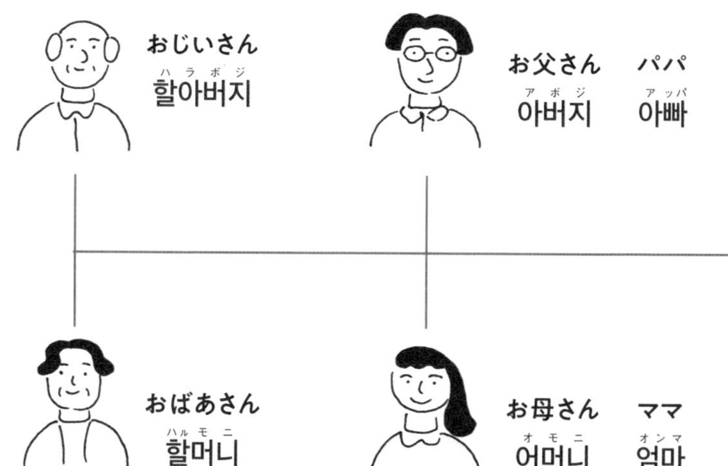

ここでcheck

1 日本語と韓国語を線でつなぎなさい。

① おじいさん　② 弟　③ お兄さん　④ お母さん　⑤ お姉さん

●어머니　●할아버지　●오빠　●언니　●남동생

こたえ　1.①할아버지　②남동생　③오빠　④어머니　⑤언니

お兄さん

오빠（オッパ）（妹から見て）

형（ヒョン）（弟から見て）

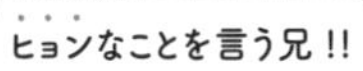

お姉さん

언니（オンニ）（妹から見て）

누나（ヌナ）（弟から見て）

私／僕・あたし

저（チョ） / 나（ナ）

兄弟 형제（ヒョンジェ）

妹 여동생（ヨドンセン）　**弟** 남동생（ナムドンセン）

弟・妹をまとめて 동생（トンセン）

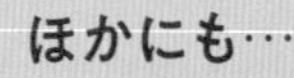

ほかにも…

両親

부모（プモ）

夫婦

부부（ププ）

妻 아내（アネ）　**夫** 남편（ナムピョン）

子ども

아이（アイ）

友だち

친구（チング）

彼女 여자 친구（ヨジャ チング）　**彼氏** 남자친구（ナムジャチング）

Lesson 2

きほんの単語② 体

体や顔の部位についての単語。エステやマッサージではもちろん、病気やけがで病院に行ったときのためにも覚えておくと便利です。

- 体 몸（モム）　体をモム!! 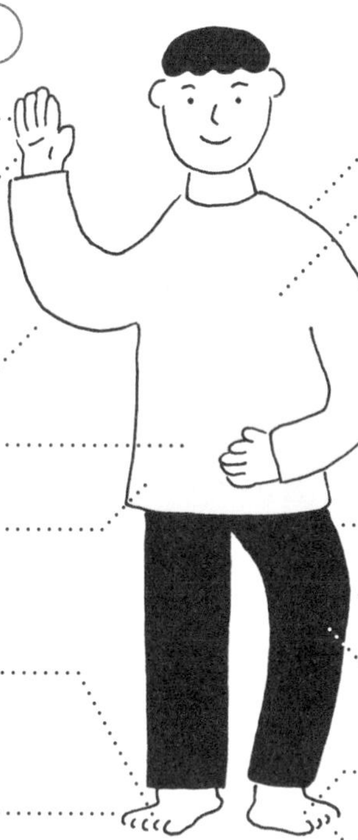
- 手の指 손가락（ソンカラク）
- 手 손（ソン）
- 腕 팔（パル）　腕を引っパル!!
- おなか 배（ペ）
- 腰 허리（ホリ）
- 足 발（パル）
- 足の指 발가락（パルカラク）
- 肩 어깨（オッケ）
- 胸 가슴（カスム）
- 背中 등（トゥン）　背中をトゥンとたたく!!
- お尻 엉덩이（オンドンイ）
- 脚 다리（タリ）
- ひざ 무릎（ムルプ）
- 足の甲 발등（パルトゥン）
- 足の裏 발바닥（パルパダク）

1 日本語と韓国語を線でつなぎましょう。

①脚　②手　③体　④おなか　⑤腕　⑥胸

●몸　●배　●손　●팔　●가슴　●다리

こたえ　1. ①다리　②손　③몸　④배　⑤팔　⑥가슴

●顔 얼굴（オルグル）

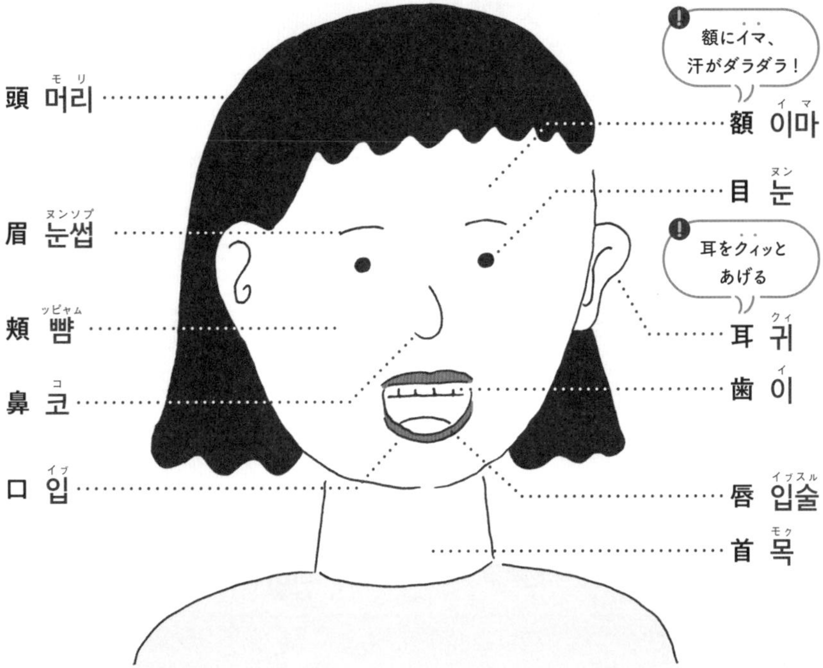

頭 머리（モリ）

額 이마（イマ）

額にイマ、汗がダラダラ！

目 눈（ヌン）

眉 눈썹（ヌンソプ）

耳をクィッとあげる

頬 뺨（ッピャム）

耳 귀（クィ）

鼻 코（コ）

歯 이（イ）

口 입（イプ）

唇 입술（イプスル）

首 목（モク）

- 머리には「頭」のほかに「髪」の意味もあるんだ！
- 목には「首」のほかに「のど」の意味もあるよ。「のど飴」は목사탕。

Chapter 1 Chapter 2 Chapter 3 Chapter 4

ここでcheck

1 日本語と韓国語を線でつなぎましょう。

①耳　②顔　③口　④歯　⑤鼻　⑥目

●얼굴　●눈　●귀　●입　●이　●코

こたえ　1.①귀　②얼굴　③입　④이　⑤코　⑥눈

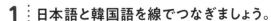

Lesson 3

きほんの単語③ 数詞

数字には、日本語の「いち、に、さん…」にあたる漢数詞と、「1つ、2つ、3つ…」にあたる固有数詞の2種類があります。金額のときは漢数詞など、単位によって使い分けます。

●漢数詞

漢字由来の漢数詞は、価格、年月日、時間(分)、電話番号、ページなどに使います。

0	1	2	3	4	5	6
영（ヨン）	일（イル）	이（イ）	삼（サム）	사（サ）	오（オ）	육（ユク）
7	8	9	10	11	12	13
칠（チル）	팔（パル）	구（ク）	십（シプ）	십일（シビル）	십이（シビ）	십삼（シプサム）
14	15	16	17	18	19	20
십사（シプサ）	십오（シボ）	십육（シムニュク）	십칠（シプチル）	십팔（シプパル）	십구（シプク）	이십（イシプ）
百	千	万	億			
백（ペク）	천（チョン）	만（マン）	억（オク）			

電話番号のときの「0」は、「공（コン）(空)」と言うよ

●月

月の名称は漢数詞に「월（ウォル）(月)」をつけます。

1月	2月	3月	4月	5月	6月
일월（イルォル）	이월（イ ウォル）	삼월（サムォル）	사월（サ ウォル）	오월（オ ウォル）	유월（ユ ウォル）
7月	8月	9月	10月	11月	12月
칠월（チルォル）	팔월（パルォル）	구월（ク ウォル）	시월（シ ウォル）	십일월（シ ビルォル）	십이월（シ ビ ウォル）

6月は「육월」ではなく「유월」、
10月は「십월」ではなく「시월」と、形が変わるよ

●固有数詞

固有数詞は時間（時）や、마리（マリ）（匹、頭、羽）、권（クォン）（冊）、개（ケ）（個）などの助数詞をつけて数を数えるときに使います。

1つ	2つ	3つ	4つ
하나（ハナ）／한（ハン）*	둘（トゥル）／두（トゥ）*	셋（セッ）／세（セ）*	넷（ネッ）／네（ネ）*
5つ	6つ	7つ	8つ
다섯（タソッ）	여섯（ヨソッ）	일곱（イルゴプ）	여덟（ヨドル）
9つ	10（とお）	20	30
아홉（アホプ）	열（ヨル）	스물（スムル）／스무（スム）*	서른（ソルン）

*の単語は、うしろに単位が続くとき、하나（ハナ）→한（ハン）というように形が変わるよ！

例　2匹　두 마리（トゥ マリ）　4冊　네 권（ネ グォン）　20個　스무 개（スム ゲ）

●時間

時は固有数詞で、分は漢数詞を使います。

15分
십오 분（シボ ブン）

30分
삼십 분（サムシプ ブン）

45分
사십오 분（サシボ ブン）

Lesson 4
きほんの単語④ 曜日・季節・とき

カレンダーや季節に関係する単語。メールを書くときや、ちょっとしたあいさつ、だれかと約束するときにも使える言葉がたくさんあります。

●曜日・日にち

昨日	今日	明日
어제（オジェ）	오늘（オヌル）	내일（ネイル）
一昨日	明後日	日曜日
그저께（クジョッケ）	모레（モレ）	일요일（イリョイル）
月曜日	火曜日	水曜日
월요일（ウォリョイル）	화요일（フヮヨイル）	수요일（スヨイル）
木曜日	金曜日	土曜日
목요일（モギョイル）	금요일（クミョイル）	토요일（トヨイル）

明日、ネイルに行く

ここでcheck

1 日本語と韓国語を線でつなぎましょう。

① 一昨日 ② 月曜日 ③ 金曜日 ④ 明後日 ⑤ 火曜日 ⑥ 日曜日

●화요일 ●금요일 ●모레 ●일요일 ●그저께 ●월요일

こたえ 1.①그저께 ②월요일 ③금요일 ④모레 ⑤화요일 ⑥일요일

●季節・ときのことば

春	夏	秋
ポム 봄	ヨルム 여름	カウル 가을
冬	明け方	朝
キョウル 겨울	セビョク 새벽	アチム 아침
昼	夕方	夜
ナッ 낮	チョニョク 저녁	パム 밤
今	午前	午後
チグム 지금	オジョン 오전	オフ 오후

夏はヨル、ムっとする！

昼にナッた!!

午後はオフだ

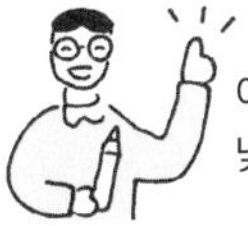

아침(朝) 저녁(夕方)には、「朝ご飯」と「夕ご飯」という意味もあるよ。
낮には「昼」という意味しかなくて、「昼ご飯」は점심(点心)と言うんだ！

ここでcheck

1 日本語と韓国語を線でつなぎましょう。

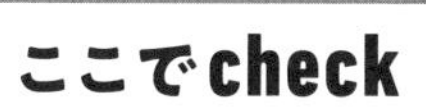

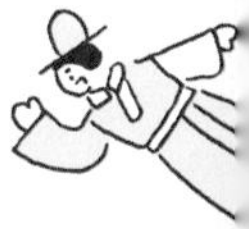

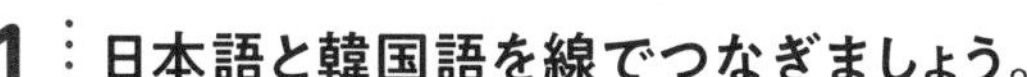

① 午後　② 明け方　③ 冬　④ 今　⑤ 午前　⑥ 夕方

●오후　●지금　●새벽　●저녁　●오전　●겨울

こたえ　1.①오후　②새벽　③겨울　④지금　⑤오전　⑥저녁

Lesson 5

きほんの単語⑤ 旅行で使える単語その1

旅行に行ったときに使える単語。カフェやコンビニ、警察署など、利用頻度の高い単語はしっかり覚えておきましょう！

●建物

書店	コンビニ	インターネットカフェ	カラオケ
ソジョム 서점	ピョニジョム 편의점	ピシバン 피시방	ノレバン 노래방
居酒屋	映画館	銭湯	食堂
スルチプ 술집	ヨンファグワン 영화관	モギョクタン 목욕탕	シクタン 식당
パン屋	カフェ	薬局	病院
ッパンチプ 빵집	カペ 카페	ヤックク 약국	ピョンウォン 병원
学校	百貨店	会社	公園
ハッキョ 학교	ペクヮジョム 백화점	フェサ 회사	コンウォン 공원
郵便局	市場	駅	警察署
ウチェグク 우체국	シジャン 시장	ヨク 역	キョンチャルソ 경찰서
博物館	銀行	ホテル	空港
パンムルグワン 박물관	ウネン 은행	ホテル 호텔	コンハン 공항

歌のリズムにノレ！

駅にヨク行く！

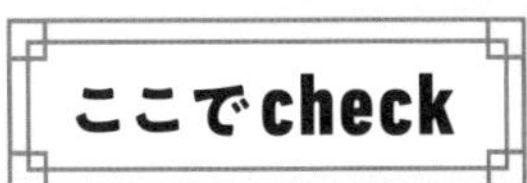

1 ⋮ 地図上の建物の単語をハングルで書いてみましょう。

Lesson 6

きほんの単語⑥ 旅行で使える単語その2

道を聞くときに、方角や位置に関する単語は覚えておくと便利。指差しだけではなく、韓国語を使って道を尋ねてみましょう！

● 方角・位置

東（側）	西（側）	南（側）	北（側）
トンチョク 동쪽	ソッチョク 서쪽	ナムチョク 남쪽	プクチョク 북쪽
右（側）	左（側）	前	うしろ
オルンチョク 오른쪽	ウェンチョク 왼쪽	アプ 앞	トゥイ 뒤
中	外	上	下
アン 안	パク 밖	ウィ 위	アレ 아래

！下のアレが！

「中」にあたる韓国語には「속」という表現もあるよ。몸 속(体の中)、마음 속(心の中)などのように、じっさいに目で確認できないときに使うことが多いよ。

ここでcheck

1 日本語と韓国語を線でつなぎましょう。

①中　②右　③北　④前　⑤外　⑥上

● 오른쪽　● 위　● 밖　● 안　● 북쪽　● 앞

こたえ
1. ①안　②오른쪽　③북쪽　④앞　⑤밖　⑥위

●乗りもの

ロープーウェイ
케이블카（ケイブルカ）

飛行機
비행기（ビヘンギ）

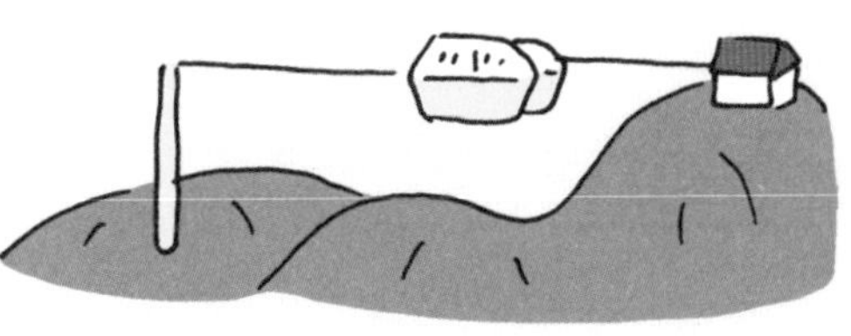

列車
기차（キチャ）

電車
전철（チョンチョル）

船
배（ペ）

バス
버스（ポス）

タクシー
택시（テクシ）

オートバイ
오토바이（オトバイ）

トラック
트럭（トゥロク）

自動車
자동차（チャドンチャ）

自転車
자전거（チャジョンゴ）

地下鉄
지하철（チハチョル）

漢字語はほとんど1字1音。ただし、자동차(自動車)や자전거(自転車)の「車」のように2種類の読み方をする場合もあるよ。

Lesson 7

きほんのフレーズ① あいさつ

韓国語のあいさつは昼夜関係なく使えます。初対面のときに使えるあいさつは、そのまま丸ごと覚えてしまいましょう。

● はじめのあいさつ

こんにちは
（おはようございます、こんばんは）。

アンニョン ハ セ ヨ
안녕하세요?

直訳は「安寧でいらっしゃいますか？」
韓国語では、朝、昼、夜、いつでも同じ表現です

こんにちは
（おはようございます、こんばんは）。

アンニョン ハ シム ニ ッカ
안녕하십니까?

「안녕하세요?」より、丁寧な表現。
初対面の人にはハムニダ体を使っておけば
まちがいないです！

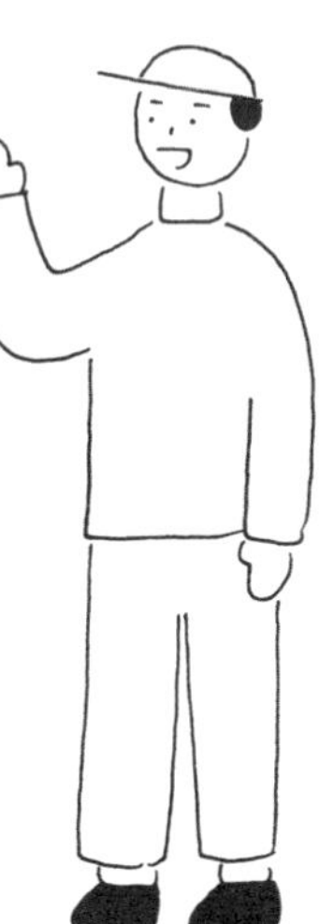

お会いできてうれしいです。

マンナ ソ パンガプスムニ ダ
만나서 반갑습니다.

初めまして。

チョウム プェプケッスム ニ ダ
처음 뵙겠습니다.

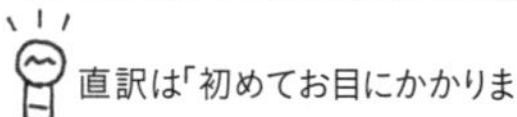

直訳は「初めてお目にかかります」

●自己紹介

私は〇〇です。

チョヌン　イムニダ
저는 〇〇입니다.

よろしくお願いします。

チャル　プ　タカムニダ
잘 부탁합니다.

●そのほかに使えるフレーズ

お久しぶりです。	オレンマニエヨ 오랜만이에요. しばらく会っていなかった人と会ったとき、このフレーズを使います。「오래간만이에요」とも言います
お元気でしたか？	チャル　チネショッソヨ 잘 지내셨어요? もともと「よく過ごされましたか」の意味ですが、「お変わりありませんか」という意味で使います
お会いできて光栄です。	マンナソ　ヨングヮンイムニダ 만나서 영광입니다. 日本語の「光栄」は韓国語では「영광(栄光)」と言います
電話番号は何番ですか？	チョナボノヌン　ミョッ　ポニエヨ 전화번호는 몇 번이에요?
ライン交換しましょう！	ライン　キョフヮネヨ 라인 교환해요!
メールアドレス、教えてください。	メイルジュソ　カルチョ　ジュセヨ 메일주소 가르쳐 주세요.

Lesson 8

きほんのフレーズ② お礼・謝罪

韓国では上下関係が厳しいので、とくに目上の人に対する尊敬表現は必須です！ しっかりチェックしておきましょう。

●目上の人へのお礼①

ありがとうございます。

カムサハムニダ
감사합니다.

直訳は「ありがたいです」
友だち同士の場合は、
「고마워」と言います

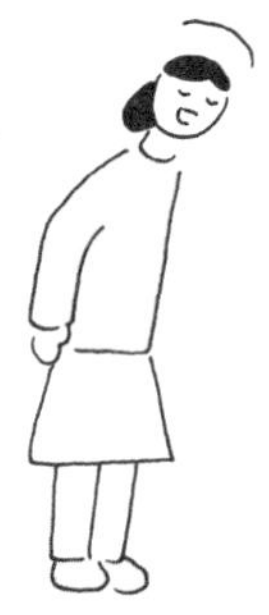

どういたしまして。

チョン マネヨ
천 만에요.

●目上の人へのお礼②

いいえ。おかげさまで楽しかったです。

アニエヨ トゥプネ チュルゴウォッソヨ
아니에요. 덕분에 즐거웠어요.

お招きいただきありがとうございました。

チョデヘ ジュショソ カムサハムニダ
초대해 주셔서 감사합니다.

●目上の人への謝罪

申し訳ありません。

チュェソンハム ニ ダ
죄송합니다.

目上の人や初対面の人に使う表現。「미안합니다」も使えます

大丈夫です。

クェンチャ ナ ヨ
괜찮아요.

●友人への謝罪

ごめんなさい。

ミ ア ネ ヨ
미안해요.

ちょっとしたことなら「미안」でもOK!

大丈夫!／いいえ!

クェンチャ ナ　ア ニ
괜찮아! / 아니!

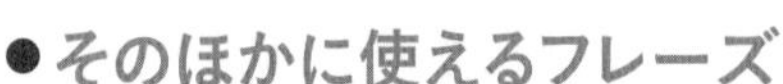

●そのほかに使えるフレーズ

どういたしまして。／とんでもございません。	ピョル マル ス ムルリョ 별 말씀을요.
こちらこそ!	チョ ヤ マル ロ 저야말로!

Chapter 1
Chapter 2
Chapter 3
Chapter 4

Lesson 9

きほんのフレーズ③ 食事

日本語の「いただきます」「ごちそうさま」とは、ちょっとニュアンスが違います。韓国では、ごちそうしてくれる人に対して使うので、だれかにごちそうしてもらったら使ってみましょう！

●いただきます

どうぞ召し上がれ。

マシッケ ドゥセヨ
맛있게 드세요.

いただきます。

チャル モッケスムニダ
잘 먹겠습니다.

韓国では食事のあいさつというよりも、「ごちそうになる」という意味で使うことが多いです

おなかすきました。

ペゴパヨ
배고파요.

たくさん召し上がってください。

マニ ドゥセヨ
많이 드세요.

●ごちそうさま

ごちそうさまでした。

チャル モゴッスムニダ
잘 먹었습니다.

おなかがいっぱいです。

ペブルロヨ
배불러요.

食堂を出るときにお店の人に使ってみて！

●食事の注文や感想

何を召し上がりますか？

ムォル ドゥ シ ゲッ ソ ヨ
뭘 드시겠어요？

こちら、 ビールとプルコギください。

ヨ ギ メクチュ ハ ゴ プル ゴ ギ ジュ セ ヨ
여기 맥주하고 불고기 주세요.

味はいかがですか？

マ シ オッ テ ヨ
맛이 어때요？

おいしいです。

マ シッ ソ ヨ
맛있어요.

Chapter 1
Chapter 2
Chapter 3
Chapter 4

●そのほかに使えるフレーズ

乾杯！	コン ベ 건배！ お酒を飲むとき、「건배」の代わりに「위하여」もよく使います。 「위하여」はもともと「～のために」という意味です
お代わりください。	ト ジュ セ ヨ 더 주세요. 「더 주세요」はもともと「もっとください」という意味です

きほんのフレーズ④ 外出先

日本語の「いってきます」「おかえりなさい」にあたるフレーズを覚えましょう！ 韓国人と親しくなって、お宅を訪問する機会があったら、ぜひ使ってみて。

●いってきます

いってきます。
タニョオゲッスムニダ
다녀오겠습니다.
慣用的にハムニダ体を使います
いってらっしゃい。
タニョオセヨ
다녀오세요.

●ただいま

ただいま。
タニョワッスムニダ
다녀왔습니다.
直訳は「行ってきました」
直訳は「よく行ってきましたか？」
お帰りなさい。
チャル タニョワッソヨ
잘 다녀왔어요？

● 訪問のとき

おじゃまします。

シルレ ハゲッスムニダ
실례하겠습니다.

友だち同士の場合は「안녕！（こんにちは！）」「어서 와！（いらっしゃい！）」という表現を使うことが多いです

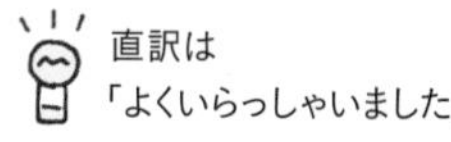

直訳は「よくいらっしゃいました」

いらっしゃいませ。

チャル オショッソヨ
잘 오셨어요.

いろいろと
お世話になりました。

ヨロモロ シンセ
여러모로 신세
マナスムニダ
많았습니다.

またお越しください。

ットオセヨ
또 오세요.

● そのほかに使えるフレーズ

いかがでしたか？	オッテッソヨ **어땠어요?** 外出から帰ってきた人に感想を聞くときに使います
よかったです。	チョアッソヨ **좋았어요.** 外出先でトラブルもなく、無事に楽しんで帰ってきたとき言ってみましょう

Lesson 11

きほんのフレーズ⑤ ショッピング

韓国のお店で食事をしたり、ショッピングしたりするときに使えるフレーズを集めました。韓国語でやりとりできたら、ひょっとしておまけしてもらえるかも!?

●お店に入ったら

すみません!

チョギヨ
저기요!

だれかに声をかけるときのひとこと。店員を呼ぶときはもちろん、道を聞くためにだれかを呼び止めるときにも使えます

直訳は「早くいらっしゃい」

いらっしゃいませ!

オソ オセヨ
어서 오세요!

いくらですか?

オルマエヨ
얼마예요?

1万3千ウォンです。

マン サムチョヌォニエヨ
만 삼천원이에요.

これください。

イゴ ジュセヨ
이거 주세요.

BAG

●お会計のとき

はい、5千ウォンまけてあげます。

ネ　オチョ ヌォン ッカッカ ドゥリル ケ ヨ
네, 오천 원 깎아 드릴게요.

ちょっとまけてください！

チョム ッカッカ ジュ セ ヨ
좀 깎아 주세요!

市場などで値切るときに使う定番フレーズ

現金ですか？ カードですか？

ヒョン グ ミ エ ヨ　カ ドゥ イェ ヨ
현금이에요? 카드예요?

お会計お願いします。

ケ サ ネ ジュ セ ヨ
계산해 주세요.

カードでお願いします。

カ ドゥ ロ プ タ ケ ヨ
카드로 부탁해요.

●そのほかに使えるフレーズ

ほかのデザインは（色は）ありませんか？	タルン ディジャ イ ヌン セッカルン オプ ソ ヨ 다른 디자인은 (색깔은) 없어요?
ほかのに変えてください。	タ ルン ゴル ロ パックォ ジュ セ ヨ 다른 걸로 바꿔 주세요.

Lesson 12

きほんのフレーズ⑥別れのあいさつ

韓国語の「さよなら」は、 その場を去る人と、 その場に残る人で言い方が違うので注意しましょう。 よく使う表現なので覚えておいて！

去る人がその場に残る人に向かって言うフレーズ

さようなら。(残る人に)

アンニョン イ ゲ セ ヨ
안녕히 계세요.

大変お世話になりました。

シン セ マ ニ ジョッスム ニ ダ
신세 많이 졌습니다.

楽しかったです。

チュル ゴ ウォッ ソ ヨ
즐거웠어요.

その場に残る人が去る人に向かって言うフレーズ

さようなら。(去る人に)

アンニョン イ ガ セ ヨ
안녕히 가세요.

また会いましょう。

ット マン ナ ヨ
또 만나요.

また遊びにきてください。

ット ノル ロ オ セ ヨ
또 놀러 오세요.

よく使うひとこと

大丈夫ですよ！

クェンチャ ナ ヨ
괜찮아요!

そうです！

ク レ ヨ
그래요!

本当ですか？

チョンマルリョ
정 말요?

あら！

オ モ
어머!

ちょっと待ってください。

チャムカンマンニョ
잠깐만요.

まじで！?

チンチャ
진짜!?

心配しないでください！

コッチョン マ セ ヨ
걱정 마세요!

ファイト！

フワ イ ティン
화이팅!

そうですね。

クル セ ヨ
글세요.

最高！

チュエ ゴ
최고!

COLUMN 2

韓国語の擬音語・擬態語

人間や動物の声や、自然界の音、動作を表す韓国語を集めました。日韓で音の表現の違いがおもしろいですね！

●生き物の鳴き声

日本語	韓国語	鳴き声
犬	ケ 개	モンモン 멍멍
猫	コヤンイ 고양이	ヤオン 야옹
豚	トゥェジ 돼지	ックルックル 꿀꿀
鶏	タク 닭	ッコッコデク 꼬꼬댁
牛	ソ 소	ウンメ 음매
馬	マル 말	ヒヒン 히힝

日本語	韓国語	鳴き声
トラ	ホランイ 호랑이	ウルロン 으르렁
スズメ	チャムセ 참새	ッチェクッチェク 짹짹
フクロウ	プオンイ 부엉이	プオンプオン 부엉부엉
カエル	ケグリ 개구리	ケグルゲグル 개굴개굴
ハチ	ポル 벌	プンブン 붕붕
セミ	メミ 매미	メムメム 맴맴

●擬態語

日本語	韓国語
キラキラ	パンチャクパンチャク 반짝반짝
しとしと	ポスルポスル 보슬보슬
そよそよ	サルランサルラン 살랑살랑
ポカポカ	フックンフックン 후끈후끈
うとうと	ックボックックボク 꾸벅꾸벅
こそこそ	サルグムサルグム 살금살금

日本語	韓国語
ひそひそ	ソグンソグン 소곤소곤
ダラダラ	ッポルッポル 뻘뻘
トボトボ	トボクトボク 터벅터벅
にこにこ	シングルボングル 싱글벙글
ハラハラ	チョマジョマ 조마조마
ドキドキ	トゥグンドゥグン 두근두근

Chapter 3

文法のきほん

韓国語を学ぶときにつまずくのが文法ではないでしょうか。とくに、語尾の活用でギブアップしてしまう人も多いかもしれませんね。混乱しやすい活用ですが、本書では活用のパターンを整理して、たった3つに分類しました。そのほか、きほんの文型、助詞、疑問詞などについても紹介しています。文法のきほんをここでしっかり学びましょう！

Lesson 1

文法のきほん

韓国語の文章の組み立て方を紹介します。ここで文法のきほんを押さえておきましょう！　日本語の文法と似ているところもあります。

韓国語の文のしくみ

【1】韓国語の文体は大きくわけて3種類

●ハムニダ体

かしこまった語尾。目上の人や初対面の人に使ったり、ニュースやアナウンスなどでよく使われたりします。

例 私は学校に行きます。

ナヌン　ハッキョエ　カムニダ
나는 학교에 갑니다.

●ヘヨ体

会話でよく使われます。丁寧な語尾で、ハムニダ体よりはやわらかい表現。

例 私は学校に行きます。

ナヌン　ハッキョエ　カヨ
나는 학교에 가요.

この本ではハムニダ体とヘヨ体を紹介しているよ！

●ハンダ体（パンマル）

親しい間柄で使われる、くだけた語尾。日本語の「ため口」にあたります。

例 私は学校に行くよ。

ナヌン　ハッキョエ　カンダ
나는 학교에 간다.

【2】ヘヨ体は万能な語尾！

会話でいちばんよく使われるのがヘヨ体です。ハムニダ体は疑問形で語尾が変わりますが、ヘヨ体は変わりません。イントネーションを変えるだけで、平叙文・疑問文・勧誘文・命令文にできます。

● 平叙文

例 学校に行きます。

ハッキョエ　カヨ
학교에 가요.

● 疑問文

例 学校に行きますか？

ハッキョエ　カヨ
학교에 가요?

● 勧誘文

例 学校に行きましょう。

ハッキョエ　カヨ
학교에 가요.

● 命令文

例 学校に行きましょう！

ハッキョエ　カヨ
학교에 가요!

【3】活用するときに大切なのは語幹と語尾！

単語を調べるときに辞書に載っている形が基本形（原形）です。韓国語の動詞・形容詞の基本形はすべて、「語幹＋다」の形。韓国語では動詞は基本形をそのまま使うことはありません。必ず語尾が活用します。きほん的には、規則通りに活用します（が、例外もあります）。

【4】韓国語の文章のつくり方

例 私 は　日本人です。

チョヌン　イルボン　サラミエヨ
저는 일본 사람이에요.

助詞　分かち書き　ピリオド

- 語順は日本語とほぼ同じ！
- 最後にピリオドをつけるよ。疑問文のときは「?」をつけるよ。
- 助詞は日本語と同じような使い方をするよ(P88～89ページ参照)。
- 日本語では読点を入れるけど、韓国語では「分かち書き」といって、文節の間にスペースを入れて区切る書き方をするんだ！

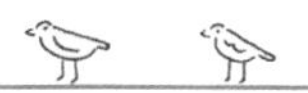

活用の例外❶ 하다用言

「～する」という意味の「하다」は、名詞と合体することで、「○○する」「○○だ」という動詞や形容詞（用言）をつくることができます。

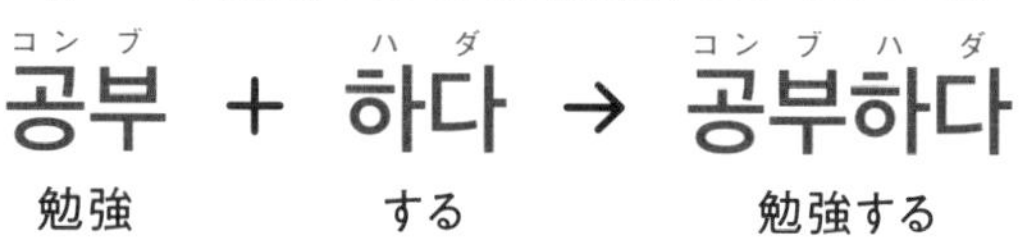

コンブ 공부（勉強） ＋ ハダ 하다（する） → コンブハダ 공부하다（勉強する）

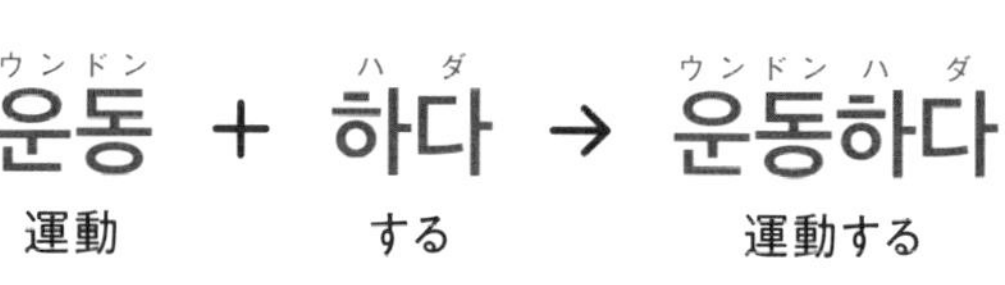

ウンドン 운동（運動） ＋ ハダ 하다（する） → ウンドンハダ 운동하다（運動する）

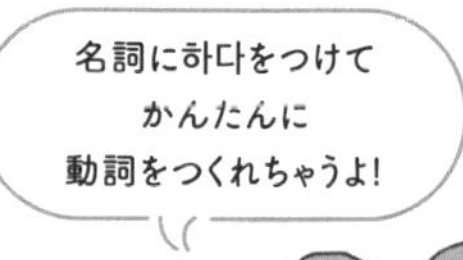

名詞に하다をつけて
かんたんに
動詞をつくれちゃうよ!

●하다の活用は特別!

하다は活用ルールどおりではなく、例外的な活用をするので、「하다」のへヨ体は「해요」と、そのまま覚えましょう。

ハダ 하다（する） → ヘヨ 해요（します）

ここでcheck

1 「해요」の形をつくってみましょう。

① 사랑하다(　　　　　　　　).　② 전화하다(　　　　　　　　).

2 日本語に訳してみましょう。

① 수업은 9 시에 시작해요.
(　　　　　　　　　　　　)。
수업：授業、시작하다：始まる

② 지금 무엇을 생각해요?
(　　　　　　　　　　　　)？
지금：今、무엇：何、생각하다：考える

こたえ
1.①사랑해요　②전화해요
2.①授業は9時に始まります　②今、何を考えていますか

活用の例外❷ 縮約

これから学習する活用について、 動詞や形容詞がルールどおりの形にならないことがあります。 その中のひとつが、「縮約」です。 ダブった文字が省略されたり、 合体したりします。 語幹の最後の母音に注目してください！（くわしくは4章P124～127ページを参照）

【1】省略パターン（語幹の最後の母音がㅏ、ㅓ、ㅕ、ㅐ、ㅔのとき）

ここではヘヨ体にする
場合を説明しているよ！

【2】合体パターン（語幹の最後の母音がㅗ、ㅜ、ㅚのとき）

【3】母音の横棒が増える合体パターン（語幹の最後の母音がㅣのとき）

ヘヨ体では、縮約することが多いよ！
発音しやすいように変化しているので、
声に出してみると、わかりやすいよ！

Lesson 2

名詞＋입니다（イムニダ）／～です

文法のきほんを理解したら、次は文章を作ってみましょう！ まずはハムニダ体の「～です」という表現。初めて会った人に自己紹介するときにも使えるので、ぜひ覚えておきましょう。

きほんのフレーズ

이것은 노트입니다.（イ ゴ スン ノ トゥイム ニ ダ）
これは　ノートです。

つくり方

노트（ノ トゥ） → 노트입니다（ノ トゥイム ニ ダ）
ノート　　ノートです

名詞＋語尾

名詞に「입니다」をつける

노트＋입니다

うしろにつけるだけ！

疑問文にしたいときは「입니까?」をつける

노트＋입니까?

語尾の形が変わるよ！

解説 疑問形は、語尾のイントネーションを上げて発音します。

ここでcheck

1 ～입니다（～です）などの形をつくってみましょう。

例 노트（ノート）〔ノトゥ〕	ノートです。 （노트입니다　　　　）.
① 오늘（今日）〔オヌル〕	今日です。 （　　　　　　　　）.
② 어제（昨日）〔オジェ〕	昨日です。 （　　　　　　　　）.
③ 사과（リンゴ）〔サグヮ〕	リンゴですか？ （　　　　　　　　）？
④ 수박（スイカ）〔スバク〕	スイカですか？ （　　　　　　　　）？
⑤ 노래（歌）〔ノレ〕	歌です。 （　　　　　　　　）.
⑥ 애인（恋人）〔エイン〕	恋人ですか？ （　　　　　　　　）？

Chapter 1　Chapter 2　Chapter 3　Chapter 4

2 日本語に訳してみましょう。

① 이것은 비빔밥입니까 ?
（　　　　　　　　　　　　）？
이것：これ、비빔밥：ビビンバ

② 여기는 서울입니다 .
（　　　　　　　　　　　　）。
여기：ここ、서울：ソウル

こたえ
1.①오늘입니다　②어제입니다　③사과입니까　④수박입니까　⑤노래입니다
⑥애인입니까
2.①これはビビンバですか　②ここはソウルです

Lesson 3

名詞＋ 예요/이에요 ／ ～です

（エヨ／イエヨ）

Lesson2 の「입니다」と形は違いますが、同じ意味の「～です」。ハムニダ体の「입니다」よりやわらかい表現のヘヨ体で、日常会話でよく使われます。語幹末のパッチムの有無で語尾が変わります。

きほんのフレーズ

チョヌン イルボン サラミエヨ
저는 일본 사람이에요 .
私は　日本　人です。

つくり方

イルボン サラム　　イルボン サラミエヨ
일본 사람 → 일본 사람이에요
日本人　　日本人です

名詞＋語尾

❶ パッチムを確認する

일본 사람

パッチムある！

❷「이에요」をつける

일본 사람 ＋ 이에요

パッチムが
あるときは「이에요」、
ないときは「예요」を
つける！

解説 疑問形は「일본 사람이에요？（日本人ですか？）」。文末に「?」をつけて、語尾のイントネーションを上げて発音します。

ここでcheck

1 ～예요/이에요（～です）などの形をつくってみましょう。

例 일본 사람（日本人）	日本人です。 （일본 사람이에요　　）.
① 책（本）	本です。 （　　）.
② 고양이（猫）	猫です。 （　　）.
③ 택시（タクシー）	タクシーですか？ （　　）?
④ 볼펜（ボールペン）	ボールペンですか？ （　　）?
⑤ 버스（バス）	バスです。 （　　）.
⑥ 우산（傘）	傘ですか？ （　　）?

2 日本語に訳してみましょう。

① 그것은 삼계탕이에요 .
（　　　　）。
그것：それ、삼계탕：サムゲタン

② 여기는 카페예요？
（　　　　）？
여기：ここ、카페：カフェ

こたえ
1. ①책이에요　②고양이예요　③택시예요　④볼펜이에요　⑤버스예요　⑥우산이에요
2. ①それはサムゲタンです　②ここはカフェですか

Lesson 4

名詞 + 가/이 아닙니다 ／ ～ではありません〈否定〉

ハムニダ体のきほんの否定の表現。「違います」という意味の「아닙니다」をつけます。「学生ではありません」「韓国人ではありません」というように、相手のかんちがいをとくときに役立ちます！

きほんのフレーズ

이것은 술이 아닙니다.（イゴスン スリ アニムニダ）

これは　お酒では　ありません。

つくり方

술（スル） → 술이 아닙니다（スリ アニムニダ）

お酒　　お酒ではありません

名詞 + 語尾

❶ パッチムを確認する

술

パッチムある！

❷ 助詞「이」をつける

술이

パッチムがあるときは「이」、ないときは「가」をつける！

❸「아닙니다」をつける

술이 + 아닙니다

解説

「～ではありません」は、韓国語では「～が違います」といい、助詞「가/이」を使います。名詞の最後にパッチムがあるときは「～이」、ないときは「～가」です（くわしくはP88を参照）。疑問形は、「～가/이 아닙니까？（～ではありませんか？）」。

ここでcheck

1 ~가/이 아닙니다 (~ではありません) などの形をつくってみましょう。

例 술(スル)（お酒）	お酒ではありません。 （술이 아닙니다 ）.
① 회사원(フェサウォン)（会社員）	会社員ではありません。 （ ）.
② 배우(ベウ)（俳優）	俳優ではありませんか？ （ ）?
③ 오빠(オッパ)（兄）	兄ではありません。 （ ）.
④ 동생(トンセン)（弟・妹）	弟・妹ではありませんか？ （ ）?
⑤ 산(サン)（山）	山ではありません。 （ ）.
⑥ 바다(パダ)（海）	海ではありませんか？ （ ）?

2 日本語に訳してみましょう。

① 오늘은 일요일이 아닙니까 ?
（ ）？
오늘：今日、일요일：日曜日

② 여기는 슈퍼가 아닙니다 .
（ ）。
여기：ここ、슈퍼：スーパー

こたえ
1.①회사원이 아닙니다 ②배우가 아닙니까 ③오빠가 아닙니다 ④동생이 아닙니까 ⑤산이 아닙니다 ⑥바다가 아닙니까
2.①今日は日曜日ではありませんか ②ここはスーパーではありません

Lesson 5

名詞＋가/이 아니에요（カ/イ アニエヨ） ／ ～ではありません〈否定〉

否定形「～가 /이 아닙니다（～ではありません）」のヘヨ体。ハムニダ体よりくだけた表現なので、日常会話でよく使えます。

きほんのフレーズ

이것은 버스가 아니에요.（イゴスン ポスガ アニエヨ）
これは　バスでは　ありません。

つくり方

버스（ポス） → 버스가 아니에요（ポスガ アニエヨ）
バス　バスではありません

名詞＋語尾

❶ パッチムを確認する
버스
パッチムない！

❷ 助詞「가」をつける
버스가
パッチムがないときは「가」、あるときは「이」をつける！

❸「아니에요」をつける
버스가＋아니에요

解説　疑問文は「버스가 아니에요？（バスではありませんか？）」となります。否定文で問いかけていますが、肯定的な「버스예요（バスです）」という返事を期待しています。

ここでcheck

1 ～가/이 아니에요（～ではありません）などの形をつくってみましょう。

例 버스（バス）	バスではありません。 (버스가 아니에요　　　　　　).
① 학생（学生）	学生ではありません。 (　　　　　　　　　　).
② 가수（歌手）	歌手ではありませんか？ (　　　　　　　　　　)？
③ 딸기（イチゴ）	イチゴではありません。 (　　　　　　　　　　).
④ 과일（果物）	果物ではありませんか？ (　　　　　　　　　　)？
⑤ 신문（新聞）	新聞ではありません。 (　　　　　　　　　　).
⑥ 잡지（雑誌）	雑誌ではありませんか？ (　　　　　　　　　　)？

2 日本語に訳してみましょう。

① 이것은 불고기가 아니에요？
(　　　　　　　　　　　　)？
이것：これ、불고기：プルコギ

② 여기는 서점이 아니에요.
(　　　　　　　　　　　　)。
여기：ここ、서점：本屋

こたえ
1. ①학생이 아니에요　②가수가 아니에요　③딸기가 아니에요　④과일이 아니에요　⑤신문이 아니에요　⑥잡지가 아니에요
2. ①これはプルコギではありませんか　②ここは本屋ではありません

Lesson 6

名詞 + 가/이 있습니다 ／ 〜があります・います

（カ イ イッスムニダ）

日本語では、主語が物か生き物かで「あります・います」を使い分けますが、韓国語ではどんな主語も「있습니다」。かんたんでしょう!?

きほんのフレーズ

（オヌルン スオビ イッスムニダ）

오늘은 수업이 있습니다.

今日は　授業が　あります。

つくり方

（スオㇷ゚）　　（スオビ イッスムニダ）

수업 → 수업이 있습니다

授業　　授業があります

名詞＋語尾

❶ パッチムを確認する

수업

パッチムある！

❷ 助詞「이」をつける

수업이

パッチムがあるときは「이」、ないときは「가」をつける！

❸「있습니다」をつける

수업이 + 있습니다

+α 否定表現は、「없습니다」を使って、「수업이 없습니다（授業がありません）」になります。

ここでcheck

1 ～가/이 있습니다(～があります・います) などの形をつくってみましょう。

例 수업(スオプ)（授業）	授業があります。 （수업이 있습니다　　　　　）.
① 신문(シンムン)（新聞）	新聞がありますか？ （　　　　　　　　　　　）？
② 우유(ウユ)（牛乳） +α参照	牛乳がありません。 （　　　　　　　　　　　）.
③ 동생(トンセン)（弟・妹）	弟・妹がいます。 （　　　　　　　　　　　）.
④ 친구(チング)（友だち）	友だちがいますか？ （　　　　　　　　　　　）？
⑤ 약속(ヤクソク)（約束） +α参照	約束がありませんか？ （　　　　　　　　　　　）？
⑥ 오빠(オッパ)（兄）	兄がいます。 （　　　　　　　　　　　）.

Chapter 1　Chapter 2　Chapter 3　Chapter 4

2 日本語に訳してみましょう。

① 서울에 누나가 있습니다 .
（　　　　　　　　　　　）。

서울：ソウル、누나：姉

② 오늘은 시간이 없습니까 ?
（　　　　　　　　　　　）？

오늘：今日、시간：時間
+α参照

こたえ
1. ①신문이 있습니까　②우유가 없습니다　③동생이 있습니다　④친구가 있습니까　⑤약속이 없습니까　⑥오빠가 있습니다
2. ①ソウルに姉がいます　②今日は時間がありませんか

Lesson 7

名詞＋가/이 있어요（カ/イ イッソヨ）／～があります・います

Lesson6「있습니다（あります・います）」のヘヨ体。会話でよく使われるから、覚えておくと便利です。これで恋人がいるかどうかも聞けちゃいます！

きほんのフレーズ

오늘은 데이트가 있어요.（オヌルン テイトゥガ イッソヨ）
今日は デートが あります。

つくり方

데이트（テイトゥ） → 데이트가 있어요（テイトゥガ イッソヨ）
デート → デートがあります

名詞＋語尾

❶ パッチムを確認する
데이트
パッチムない！

❷ 助詞「가」をつける
데이트가
パッチムがないときは「가」、あるときは「이」をつける！

❸「있어요」をつける
데이트가＋있어요

＋α 否定表現は、「없어요」を使って、「데이트가 없어요（デートがありません）」になります。

ここでcheck

1 ~가/이 있어요(~があります・います)などの形をつくってみましょう。

例 데이트(テイトゥ)(デート)	デートがあります。 (데이트가 있어요).
① 잡지(チャブチ)(雑誌)	雑誌がありますか? ( )?
② 주스(チュス)(ジュース) +α参照	ジュースがありません。 ( ).
③ 선배(ソンベ)(先輩)	先輩がいます。 ( ).
④ 손님(ソンニム)(お客さん)	お客さんがいますか? ( )?
⑤ 시간(シガン)(時間) +α参照	時間がありませんか? ( )?
⑥ 가수(カス)(歌手)	歌手がいます。 ( ).

2 日本語に訳してみましょう。

① 도쿄에 친구가 있어요 .

( )。

도쿄:東京、친구:友だち

② 내일은 약속이 없어요 ?

( )?

내일:明日、약속:約束

+α参照

こたえ
1.①잡지가 있어요 ②주스가 없어요 ③선배가 있어요 ④손님이 있어요 ⑤시간이 없어요 ⑥가수가 있어요
2.①東京に友だちがいます ②明日は約束がありませんか

Lesson 8

하다用言　해요（ヘヨ）／〜します

「하다」のつく動詞や形容詞である「하다用言」のヘヨ体を覚えましょう。「하다」のヘヨ体は「해요」と覚えておけば大丈夫!

きほんのフレーズ

도서관에서 공부해요.（トソグヮネソ　コンブヘヨ）
図書館で　勉強します。

つくり方

공부하다（コンブハダ）→ 공부해요（コンブヘヨ）
勉強する　→　勉強します

하다用言

❶「하다」をとる

공부 하다

❷「해요」をつける

공부 + 해요

うしろに해요をつけるだけ!

解説　名詞に「하다（〜する）」をつけると、動詞をつくることができます。
例：식사（食事）+하다→식사하다（食事する）　식사해요（食事します）

ここでcheck

1 ~해요（~します）の形をつくってみましょう。

例 공부하다（勉強する）	勉強します。 （공부해요　　　　　）.
① 운동하다（運動する）	運動します。 （　　　　　　　　　）.
② 청소하다（掃除する）	掃除しますか？ （　　　　　　　　　）？
③ 산책하다（散歩する）	散歩します。 （　　　　　　　　　）.
④ 조용하다（静かだ）	静かですか？ （　　　　　　　　　）？
⑤ 싱싱하다（みずみずしい）	みずみずしいです。 （　　　　　　　　　）.
⑥ 깨끗하다（きれいだ）	きれいです。 （　　　　　　　　　）.

（ルビ：コンブハダ、ウンドンハダ、チョンソハダ、サンチェカダ、チョヨンハダ、シンシンハダ、ッケックタダ）

2 日本語に訳してみましょう。

① 내년에 일본을 여행해요？

（　　　　　　　　　　　　）？

내년：来年、일본：日本、여행하다：旅行する

② 아직도 그녀를 사랑해요.

（　　　　　　　　　　　　）。

아직도：まだ、그녀：彼女、사랑하다：愛する

こたえ

1. ①운동해요　②청소해요　③산책해요　④조용해요　⑤싱싱해요　⑥깨끗해요

2. ①来年に日本を旅行しますか　②まだ彼女を愛しています

Lesson 9

助詞を覚えよう

韓国語も日本語と同じように助詞があります。「～が」が「～가」など、似た発音もあって親しみやすいです。ただし日本語と違って、同じ意味でも直前の文字の形によって変わることがあるので、要注意！

「助詞」の使い方ポイント

❶ 直前の文字にパッチムがあるかないかで、形が変わることがある。

❷ 意味は同じでも、何（人、物、時間、場所）につくかによって、助詞が変わることがある。

例 会社に行きます。
회사에 갑니다.（フェサ エ カムニダ）

友だちに電話します。
친구에게 전화합니다.（チング エゲ チョヌヮハムニダ）

❸ 会話では助詞が省略されることがよくある。

例 今、どこ(へ)行きますか？
지금 어디 (에) 갑니까?（チグム オディ エ カムニッカ）

助詞	パッチム	韓国語	例文
～は	なし	는（ヌン）	오빠는 가수예요.（オッパヌン カスイェヨ） 兄は歌手です。
	あり	은（ウン）	형은 배우예요.（ヒョンウン ベウイェヨ） 兄は俳優です。
～が	なし	가（カ）	언니가 회사원이에요.（オンニガ フェサウォニエヨ） 姉が会社員です。
	あり	이（イ）	동생이 군인이에요.（トンセンイ クニニエヨ） 弟が軍人です。

助詞	パッチム	韓国語	例文
～を	なし	ルル 를	ノ トゥルル サ ヨ 노트를 사요. ノートを買います。
	あり	ウル 을	チェグル サッ ソ ヨ 책을 샀어요. 本を買いました。
～と	なし	ワ 와	サ グヮ ワ ペ イェ ヨ 사과와 배예요. リンゴと梨です。
	あり	クヮ 과	ス バックヮ チャムェイェ ヨ 수박과 참외예요. スイカとマクワウリです。
	どちらでもOK	ハ ゴ 하고	チン グ ハ ゴ ノ ラ ヨ 친구하고 놀아요. 友だちと遊びます。 会話でよく使われるよ
～の	どちらでもOK	エ 의	ソ ウ レ ナム デ ムン シ ジャン 서울의 남대문시장. ソウルの南大門市場。
～も	どちらでもOK	ト 도	ア ボ ジ ド フェ サ ウォ ニ エ ヨ 아버지도 회사원이에요. 父も会社員です。
～に	どちらでもOK	エ 에	プ サ ネ カ ヨ 부산에 가요. 釜山に行きます。
～に（人）	どちらでもOK	エ ゲ 에게	ソン ベ エ ゲ ペ ウォ ヨ 선배에게 배워요. 先輩に習います。
		ハン テ 한테	ヌ ナ ハン テ メ イル ル ポ ネ ヨ 누나한테 메일을 보내요. 姉にメールを送ります。 会話でよく使われるよ
～に（場所）	なし（ㄹパッチム）	ロ 로	ト キョ ロ ワ ヨ 도쿄로 와요. 東京に来ます。
	あり（ㄹ以外）	ウ ロ 으로	ミ グ グ ロ カ ヨ 미국으로 가요. アメリカに行きます。
～で（道具・手段）	なし（ㄹパッチム）	ロ 로	ポ ド ロ マンドゥロッ ソ ヨ 포도로 만들었어요. ブドウで作りました。
	あり（ㄹ以外）	ウ ロ 으로	ソルタン ウ ロ マンドゥ ロ ヨ 설탕으로 만들어요. 砂糖で作ります。
～で（場所）	どちらでもOK	エ ソ 에서	カ ペ エ ソ コン ブ ヘ ヨ 카페에서 공부해요. カフェで勉強します。

Track 036

Lesson 10

「こそあど」を覚えよう

「これ」「それ」などの「こそあど言葉」が韓国語にもあります。覚えておくと、買い物でも食堂のメニューを選ぶときでも、「これ、ください！」と言えるからとっても便利です。

「こそあど」の使い方ポイント

❶ 会話のときは助詞やパッチムを省略したり短縮したりすることがよくある。

イ		コッ		イゴッ		イゴ
이	+	것	=	이것	→	이거
この		もの		これ		

❷ 「こそあど」のあとに助詞がつくと、短縮することもある。

イゴッ		ウン		イゴスン		イゴン
이것	+	은	=	이것은	→	이건
これ		は		これは		

❸ 疑問形が続くときは、短縮形の「이게」「그게」がよく使われる。

例 これは何ですか？
イゲ ムォイェヨ
이게 뭐예요？

❹ 「그（それ）」は、話し手も聞き手もすでに知っている事柄をさすときにも使う。

例 あれは何ですか？
クゲ ムォエヨ
그게 뭐예요？

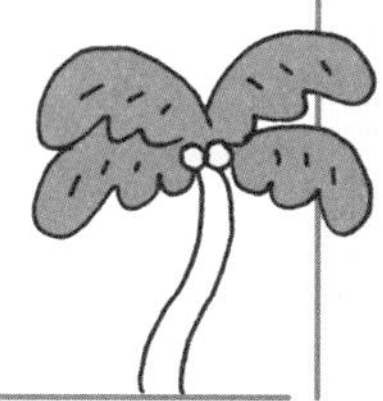

この	これ	これは	これが	ここ
イ 이	イゴッ 이것 イゴ (이거)	イゴスン 이것은 イゴン (이건)	イゴシ 이것이 イゲ (이게)	ヨギ 여기
その	それ	それは	それが	そこ
ク 그	クゴッ 그것 クゴ (그거)	クゴスン 그것은 クゴン (그건)	クゴシ 그것이 クゲ (그게)	コギ 거기
あの	あれ	あれは	あれが	あそこ
チョ 저	チョゴッ 저것 チョゴ (저거)	チョゴスン 저것은 チョゴン (저건)	チョゴシ 저것이 チョゲ (저게)	チョギ 저기
どの	どれ		どれが	どこ
オヌ 어느	オヌゴッ 어느 것 オヌゴ (어느 거)	——	オヌゴシ 어느 것이 オヌゲ (어느 게)	オディ 어디

会話では( )内のように
省略して使うことが多いよ!

ここでcheck

1 日本語と韓国語を線でつなぎましょう。

① この　② それ　③ あれは　④ どれが　⑤ ここ

● 그것　● 저것은　● 이　● 여기　● 어느 것이

2 日本語に訳してみましょう。

① 그것은 무엇입니까 ?
(　　　　　　　　)?

② 회사는 어디에 있어요 ?
(　　　　　　　　)?

こたえ
1.①이　②그것　③저것은　④어느 것이　⑤여기
2.①それは何ですか　①会社はどこにありますか

Lesson 11

疑問詞を覚えよう

韓国語にも、「いつ・どこで・だれが・何を・なぜ・どのように」などをたずねる疑問詞があります。疑問詞をマスターすれば、たくさん質問ができて、疑問や心配ごとが解決するかも！

「疑問詞」の使い方ポイント

❶ 疑問詞に助詞をつけて使う

❷ 縮約して短くなることが多い

例
- 何　무엇（ムオッ）　→　뭐（ムォ）
- 何が　무엇이（ムオシ）　→　뭐가（ムォガ）
- 何を　무엇을（ムオスル）　→　뭘（ムォル）

● 代表的な疑問詞

When	Where	Who
いつ	どこ	だれ
언제（オンジェ）	어디（オディ）	누구（ヌグ）

What	Why	How
何	なぜ	どのように
무엇（ムオッ）(뭐（ムォ）)	왜（ウェ）	어떻게（オットケ）

●助数詞とセットで覚えよう

ミョッ シ 몇 시 何時	ミョッ シ エ シジャケ ヨ 몇 시에 시작해요? 何時に始まりますか?
ミョッ サラム 몇 사람 何人	ミョッ サラミ ワヨ 몇 사람이 와요? 何人が来ますか?
ミョ ドゥオル 몇 월 何月	センイルン ミョ ドゥォリエヨ 생일은 몇 월이에요? 誕生日は何月ですか?
ミョチル 며칠 何日	ミョチル トンアン イッソヨ 며칠 동안 있어요? 何日間いますか?

며칠はもともと몇 일と表記したけど、今は며칠が標準表記になっているよ!

ここでcheck

1 日本語と韓国語を線でつなぎましょう。

① いつ ② どこ ③ だれ ④ 何 ⑤ なぜ ⑥ どのように

●왜 ●무엇 ●어디 ●어떻게 ●누구 ●언제

こたえ 1. ①언제 ②어디 ③누구 ④무엇 ⑤왜 ⑥어떻게

Lesson 12

韓国語の活用

この本では、動詞、形容詞などの活用を3パターンに分けて紹介しています。韓国語の活用は難しいというイメージがありますが、3つのパターンさえ覚えればよいので、すぐに文章をつくれるようになりますよ！

●日本語の活用

日本語の活用形は、あとに続く語尾などによって、未然形・連用形・終止形などに分けられています。

基本形	語幹	未然形（～ない）	連用形（～ます）	終止形（　。）	連体形（～とき）	仮定形（～ば）	命令形
食べる	食べ	食べない	食べます	食べる。	食べるとき	食べれば	食べろ
行く	行	行かない	行きます	行く。	行くとき	行けば	行け

韓国語の活用

韓国語は日本語よりかんたんで、活用形はたったの3つです。
また日本語と違って、韓国語の動詞や形容詞の基本形はすべて語尾が「다」で終わります。語尾の「다」を取って残ったものが語幹です。

基本形	語幹	活用形1	活用形2	活用形3
먹다（モクタ）（食べる）	먹（モク）	먹（モク）	먹으（モグ）	먹어（モゴ）
가다（カダ）（行く）	가（カ）	가（カ）	가（カ）	*（가아（カア）→）가（カ）

＊縮約する

韓国語の3つの活用

日本語も韓国語もあとに続く語尾によって形が変わります。

●日本語の活用（活用形6パターン）

未然形 → ない・(よ)う・(ら)れる・(さ)せる … などが続く

連用形 → 用言・ます・た・て・読点(、) … などが続く

連体形 → 体言・の・のに・ので … などが続く

●韓国語の活用（活用形3パターン）

活用形1（語幹）

→ ・~고 싶어요（コ シポ ヨ） ~したいです

・~고 있어요（コ イッソ ヨ） ~しています … などが続く

活用形2（語幹末にパッチムがあるときは으をつける）

→ ・~니까（ニッカ） ~から・ので

・~면（ミョン） ~たら・れば … などが続く

活用形3（語幹末の母音が陽母音には아、陰母音には어をつける）

→ ・~요（ヨ） ~です・ます

・~주세요（チュセヨ） ~ください … などが続く

活用形と語尾の組み合わせがわかれば、活用で迷わなくなるよ！

Lesson 13

3つの活用形

韓国語の活用について、よりくわしく見ていきましょう。
韓国語の活用は、大きく3つのパターンに分けることができます。
3パターンは、下の2つで見分けます。

- **語幹末にパッチムがあるかないか**
- **語幹末の母音が、どんな母音（陽母音か陰母音か）で終わっているか**

そのほか、活用する形が規則的でない「変則（不規則）活用」もありますが、ここでは規則的な活用について見ていきましょう。

活用形1

基本形から
「다」をとる！

● 覚え方

「다」をとるから…

タトリくん

活用形2

語幹末にパッチムが
あるときは
「으」をつける！

● 覚え方

パッチムに「으」を
つけるから…

パッチム・ウーくん

活用形3

語幹末の母音が
陽母音（ㅏ、ㅗ）には「아」、
陰母音（ㅏ、ㅗ以外）には
「어」をつける！

● 覚え方

陽母音（ㅏ、ㅗ）に「아」を
つけるから…

あ！ 陽気な アオちゃん

次のページから、 活用形1、 活用形2、 活用形3に
それぞれ活用させてみましょう。

Track 038

Lesson 14
活用形１　タトリくん

活用形１の見分け方はかんたん！ 基本形の語尾の다をとった形＝語幹が活用形１です。 たとえば「가다（行く）」の活用形１は「가」、「먹다（食べる）」は「먹」になります。

基本形から
「다（タ）」をとるから
タトリくんだよ！

つくり方

基本形　　語尾

語幹　語尾

가（カ）다（ダ）＋고 싶어요（コ シポヨ）→ 가고 싶어요（カゴ シポヨ）

↖とる

行く　　　行きたいです

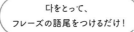

다をとって、
フレーズの語尾をつけるだけ！

かんたんで
覚えやすいね！

活用形１につく語尾

- 〜したいです　고 싶어요（コ シポヨ）
- 〜して・くて　고（コ）
- 〜けど・が　지만（チマン）
- 〜しています　고 있어요（コ イッソヨ）
- 〜ですね・ますね　네요（ネヨ）

など

ここでcheck

それぞれの活用形のつくり方は、4章でくわしく説明しているよ！

1 例のように「活用形1」につなげてみましょう。

基本形 / 活用	カダ 가다（行く）	モクタ 먹다（食べる）	ピッサダ 비싸다（値段が高い）	チョタ 좋다（よい）
活用形1	カ 가	モク 먹	ピッサ 비싸	チョッ 좋
例 コ ～고（～して・くて）	カゴ 가고（行って）	モッコ 먹고（食べて）	ピッサゴ 비싸고（高くて）	チョコ 좋고（よくて）
① コ シポヨ ～고 싶어요（～したいです）	カゴ シポヨ 가고 싶어요（行きたいです）		——	——
② コ イッソヨ ～고 있어요（～しています）	カゴ イッソヨ 가고 있어요（行っています）		——	——
③ チマン ～지만（～けど・が）	カジマン 가지만（行くけど）			
④ ネヨ ～네요（～ですね ますね）	カネヨ 가네요（行きますね）			
⑤ チョ ～죠（～でしょう）	カジョ 가죠（行きましょう）			

こたえ：1. ①먹고 싶어요（食べたいです）　②먹고 있어요（食べています）　③먹지만（食べるけど）、비싸지만（高いけど）、좋지만（よいけど）　④먹네요（食べますね）、비싸네요（高いですね）、좋네요（よいですね）　⑤먹죠（食べましょう）、비싸죠（高いでしょう）、좋죠（よいでしょう）

Chapter 1　Chapter 2　Chapter 3　Chapter 4

Track 039

Lesson 15

活用形2　パッチム・ウーくん

活用形2は 基本形の語幹末に注目！　パッチムがなければ語幹のまま、パッチムがあれば으をプラスしてつけます。たとえば「가다（行く）」の活用形2は「가」、「먹다（食べる）」は「먹으」になります。

パッチムがある語幹には「으」をつけるから、**パッチム・ウーくん**だよ！

つくり方

基本形　語尾

語幹　語尾

語幹にパッチムがあるかどうかをチェック！

パッチムなし

가(カ) 다(ダ) ＋ 면(ミョン) → 가면(カミョン)

다：とる

行く　→　行けば

パッチムあり

먹(モク) 다(タ) ＋ 으(ウ) ＋ 면(ミョン) → 먹으면(モグミョン)

먹：パッチム
다：とる
으：語幹末にパッチムがあるから으をつける

食べる　→　食べれば

文と文をつなぐものが多いね！

活用形2につく語尾

- ～から・ので　니까（ニッカ）
- ～たら・れば　면（ミョン）
- ～しに　러（ロ）
- ～しながら・のに　면서（ミョンソ）
- ～する…　ㄹ（ル）…
- ～した…　ㄴ（ン）…

など

ここでcheck

それぞれの活用形のつくり方は、
4章でくわしく
説明しているよ！

1 例のように「活用形2」につなげてみましょう。

基本形 活用	가다（カダ） （行く）	먹다（モクタ） （食べる）	비싸다（ピッサダ） （値段が高い）	좋다（チョタ） （よい）
活用形2	가（カ）	먹으（モグ）	비싸（ピッサ）	좋으（チョウ）
例 ～면（ミョン） （～たら・れば）	가 면（カミョン） （行けば）	먹으 면（モグミョン） （食べれば）	비싸 면（ピッサミョン） （高ければ）	좋으 면（チョウミョン） （よければ）
① ～니까（ニッカ） （～から・ので）	가니까（カニッカ） （行くから）			
② ～면서（ミョンソ） （～しながら・のに）	가면서（カミョンソ） （行きながら）			
③ ～러（ロ） （～しに）	——		——	——
④ ～세요（セヨ） （～してください お～です）	가세요？（カセヨ） （行ってください）			
⑤ ～ㄹ까요？（ルッカヨ） （～ましょうか？ でしょうか？）	갈까요？（カルッカヨ） （行きましょうか?）			

こたえ：1. ①먹으니까（食べるから）、비싸니까（高いから）、좋으니까（よいから）　②먹으면서（食べながら）、비싸면서（高いのに）、좋으면서（よいのに）　③먹으러（食べに）　④먹으세요（食べてください）、비싸세요（お高いです）、좋으세요（よろしいです）　⑤먹을까요？（食べましょうか?）、비쌀까요？（高いでしょうか?）、좋을까요？（よいでしょうか?）

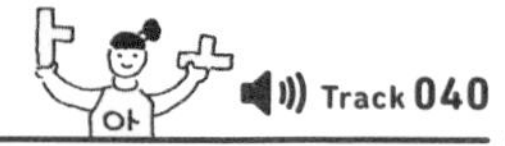

Track 040

Lesson 16

活用形3　あ！ 陽気なアオちゃん

活用形３は、語幹末の母音に注目！　陽母音（ㅏ、ㅗ）か陰母音（ㅏ、ㅗ以外）かで、プラスするものが変わります。たとえば「가다（行く）」の活用形３は、「가」の母音「ㅏ」が陽母音なので「（가아→）가」、「먹다（食べる）」は「먹」の母音「ㅓ」が陰母音なので「먹어」になります。

つくり方

陽母音語幹（ㅏㅗ）には
「아」をつけるから、
あ！ 陽気なアオちゃん！

基本形　　語尾

語幹　語尾

陽母音

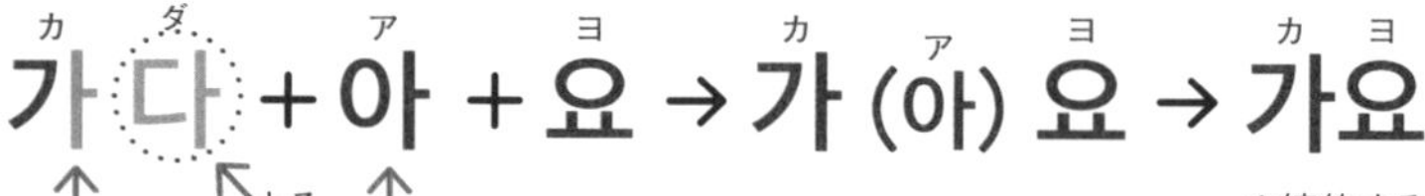

陽母音ㅏ　とる　語幹末が陽母音だから아をつける　＊縮約する

行く　　　　行きます

陰母音

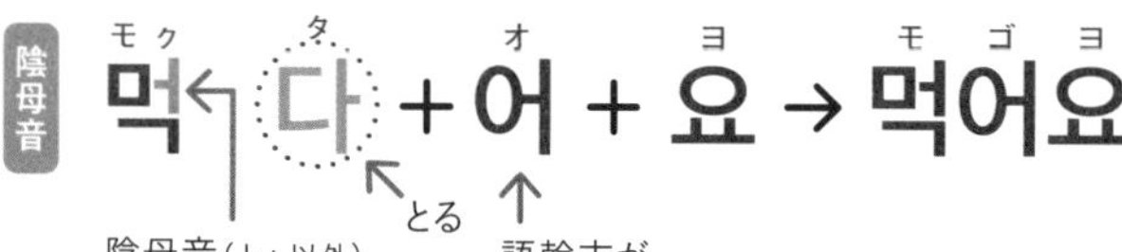

陰母音（ㅏㅗ以外）　とる　語幹末が陰母音だから어をつける

食べる　　　　食べます

パッチムのない動詞や形容詞の活用では、ダブった아と어が省略されたり、語幹の最後の母音と合体したりする場合があるよ（詳しくはP73参照）。

ヘヨ体のときは活用形３だね！

活用形３につく語尾

- ～です・ます 요（ヨ）
- ～でした・ました 씨어요（ッソヨ）
- ～してください 주세요（チュセヨ）
- ～しなければなりません 야 돼요（ヤ ドゥエ ヨ）
- ～ても 도（ト）

など

ここでcheck

それぞれの活用形のつくり方は、
4章でくわしく
説明しているよ！

1 例のように「活用形3」につなげてみましょう。

基本形 ＼ 活用	カダ 가다 （行く）	モクタ 먹다 （食べる）	ピッサダ 비싸다 （値段が高い）	チョタ 좋다 （よい）
活用形3	カア　カ （가아→）가	モゴ 먹어	ピッサ （싸아→）비 싸	チョア 좋아
例 ヨ ～요 （～です・ます）	カヨ 가요 （します）	モゴヨ 먹어요 （食べます）	ピッサヨ 비싸요 （高いです）	チョアヨ 좋아요 （よいです）
① ッソヨ ～ㅆ어요 （～でした・ました）	カッソヨ 갔어요 （行きました）			
② ト ～도 （～ても）	カド 가도 （行っても）			
③ ソ ～서 （～してから）	カソ 가서 （行って）			
④ ヤ ドゥェヨ ～야 돼요 （～しなければなりません）	カヤ ドゥェヨ 가야 돼 요 （行かなければなりません）		――	――
⑤ チュセヨ ～주세요 （～してください）	カ ジュセヨ 가 주세요 （行ってください）		――	――

こたえ
1. ①먹었어요（食べました）、비쌌어요（高かったです）、좋았어요（よかったです）　②먹어도（食べても）、비싸도（高くても）、좋아도（よくても）　③먹어서（食べて）、비싸서（高くて）、좋아서（よくて）　④먹어야 돼요（食べなければなりません）
⑤먹어 주세요（食べてください）

まとめてcheck

とくべつな活用

これまで規則的な活用形を見てきましたが、じつは規則通りに活用しないパターンも一部あります。そんなとくべつな活用を見てみましょう!

ㄹ(リウル)語幹(語幹末がパッチム「ㄹ」で終わる動詞や形容詞)

ㄴ、ㅂ、ㅅなどで始まる語尾がつくとき、語幹末のパッチム「ㄹ」がなくなる!

活用形1

活用形2

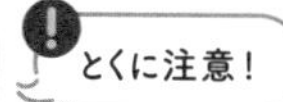

動詞

- かける 걸다(コルダ)
- 飛ぶ 날다(ナルダ)
- 遊ぶ 놀다(ノルダ)
- 住む 살다(サルダ)

形容詞

- 長い 길다(キルダ)
- 甘い 달다(タルダ)
- 遠い 멀다(モルダ)
- 大変だ 힘들다(ヒムドゥルダ)

ㄷ(ティグッ)変則（語幹末がパッチム「ㄷ」で終わる一部の動詞。形容詞はない）

語幹末のパッチム「ㄷ」が「ㄹ」に変わる！

活用形3

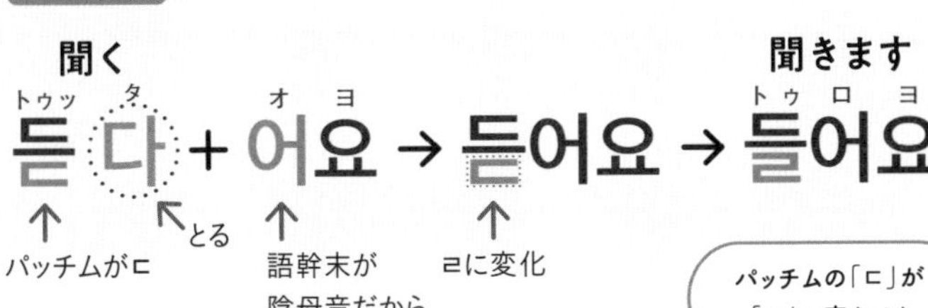

活用形2

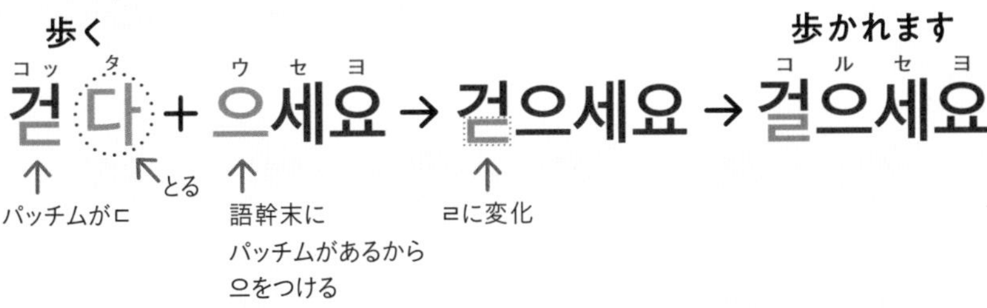

ㄷ語幹のおもな語

動詞

- 歩く 걷다(コッタ)
- 聞く 듣다(トゥッタ)
- 尋ねる 묻다(ムッタ)
- 載せる 싣다(シッタ)

ㅂ変則（語幹末がパッチム「ㅂ」で終わるほとんどの形容詞と一部の動詞）

語幹末のパッチムㅂが우になり、活用形３は어が、活用形２は으がつく

活用形３

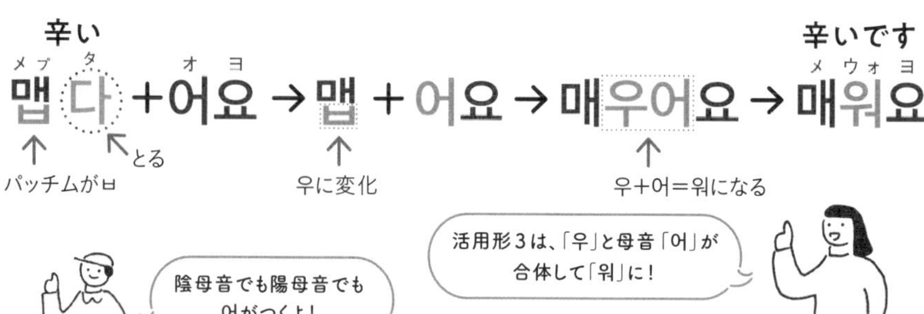

陰母音でも陽母音でも어がつくよ！

活用形２ とくに注意！

活用形２だけど、「으」はつかないんだね！

ㅂ変則のおもな単語

動詞

- 焼く 굽다（クプタ）
- 横になる 눕다（ヌプタ）
- 助ける 돕다（トプタ）
- 拾う 줍다（チュプタ）

形容詞

- 近い 가깝다（カッカプタ）
- 軽い 가볍다（カビョプタ）
- ありがたい 고맙다（コマプタ）

ㄹ変則（語幹末が「르」の動詞と形容詞）

「르」の直前が陽母音（ㅏ、ㅗ）のときは「ㄹ라」、
陰母音（ㅏ、ㅗ以外）のときは「ㄹ러」になる！

活用形3 とくに注意！

「르」の直前の母音が
陽母音か陰母音かに注目！

ㄹ変則のおもな単語

動詞

- 選ぶ 고르다
- 育てる 기르다
- 知らない 모르다

形容詞

- 怠けている 게으르다
- 違う 다르다
- 正しい 바르다

으変則（語幹末の母音が「ー」の動詞や形容詞）

語幹末の母音「ー」がなくなる！

活用形3

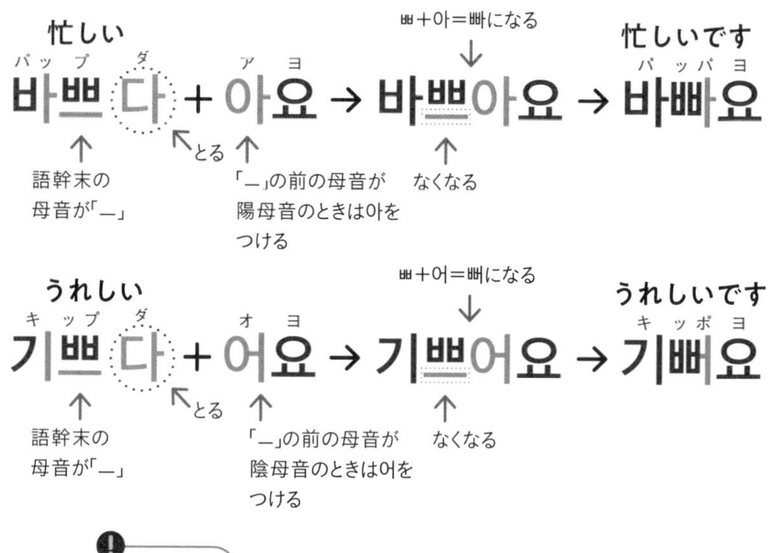

注意！
同じ「ー」の母音でも、語幹が「르」で終わっている動詞や形容詞は르変則のものもあるよ！

으変則のおもな単語

動詞

- 消す 끄다（ックダ）
- 書く・使う 쓰다（ッスダ）
- 従う 따르다（ッタルダ）
- 集める 모으다（モウダ）

形容詞

- お腹がすいている 고프다（コプダ）
- うれしい 기쁘다（キップダ）
- 悪い 나쁘다（ナップダ）

ㅅ(シオッ)変則（語幹末がパッチム「ㅅ」で終わる動詞の一部と形容詞）

「ㅅ」のあとに「아/어」や「으」が続くとパッチム「ㅅ」は消える!

活用形3

ㅅ変則のおもな単語

動詞

- (線を) 引く 긋다(クッタ)
- 治る 낫다(ナッタ)
- 注ぐ 붓다(プッタ)
- つなぐ 잇다(イッタ)

形容詞

- ましだ 낫다(ナッタ)

形容詞はひとつだけ!

ㅎ(ヒウッ)変則（語幹末がパッチム「ㅎ」で終わる形容詞）

活用形3 とくに注意!

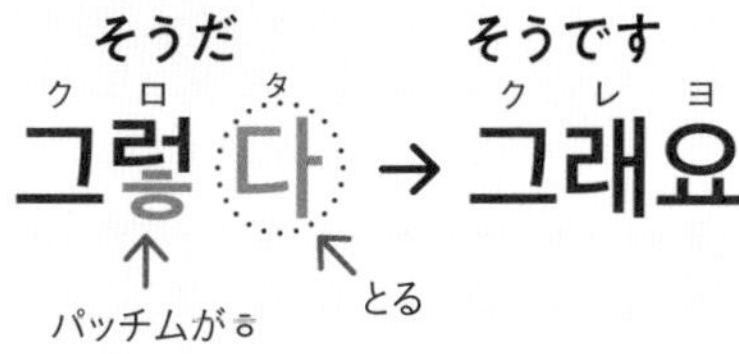

活用形2 とくに注意!

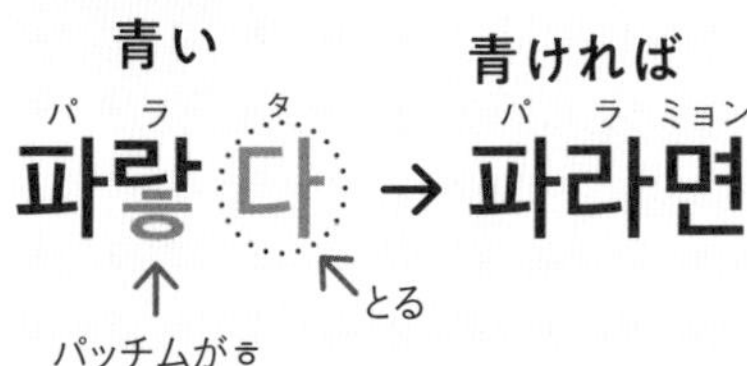

ㅎ変則はちょっと
難しいから、活用した
形だけ覚えておこう!

COLUMN 3

韓国語のことわざ

唐辛子、キムチなど、韓国ならではの表現を用いたことわざを集めました。日本との文化の違いが垣間見えて、おもしろいですね！

小さな唐辛子がもっと辛い （山椒は小粒でもぴりりと辛い）	チャグン コチュガ ト メプタ **작은 고추가 더 맵다 .** 唐辛子は大きなものより小さなもののほうが辛いことから、小さくても能力や素質が優れていることのたとえ。
キムチ汁から飲む （捕らぬ狸の皮算用）	キム チックゥプ ト マシンダ **김칫국부터 마신다 .** 相手の思惑を知らないで早とちりをしてしまうこと。韓国では餅とキムチ汁をいっしょに食べる習慣があり、餅が出てくると思い込んで先に汁を飲んでしまうことを表している。
トラも自分の話をすると現れる （噂をすれば影がさす）	ホランイ ド チェ マラミョン オンダ **호랑이도 제 말하면 온다 .** 韓国の昔話にはトラがよく登場し、恐ろしいものの代名詞になっている。
十年で山河が変わる （十年一昔）	シムニョ ニミョン カンサンド ピョナンダ **십년이면 강산도 변한다 .** 高句麗をつくったといわれる伝説の王様・朱蒙が、故郷に帰ってきたときに語ったといわれる言葉。
ちりを集めて泰山 （ちりも積もれば山となる）	ティックル モア テサン **티끌 모아 태산 .** 泰山とは中国にある高い山で、大きなものの象徴として使われている。
友だちについて江南に行く （牛に引かれて善光寺参り）	チング ッタラ カンナム ガンダ **친구 따라 강남 간다 .** 江南は中国の揚子江の南にある地方。その気がなかったのに他人に誘われて行動すること。

Chapter 4

いろいろな表現

文法のきほんをマスターしたら、次は表現を広げていきましょう！　ここでは、日常会話でよく使う表現を一挙に紹介しています。きほんの活用形は、「タトリくん」「パッチム・ウーくん」「あ！陽気なアオちゃん」の3パターンだけなので、くり返して練習問題を解くうちに、活用のコツがつかめてきます。韓国人とのコミュニケーションにぜひ生かしてみてください。

Lesson 1

活用形 1 습니다(スムニダ) ／ ～です・ます〈丁寧・パッチムあり〉

動詞・形容詞の丁寧な「です・ます」。ハムニダ体です。動詞・形容詞の語幹末のパッチムに注目! パッチムがあるときは、語幹にそのまま「습니다」をつけて。

きほんのフレーズ

12시에 점심을 먹습니다.（ヨルトゥ シ エ チョムシムル モクスムニダ）

12時に　昼ご飯を　食べます。

つくり方

먹다（モクタ） → 먹습니다（モクスムニダ）

食べる　　食べます

活用形 1

❶「다」をとる

먹 ~~다~~

パッチムある!

❷「습니다」をつける

먹＋습니다

うしろにつけるだけ!

解説 疑問形は、最後の文字を「다」から「까」に変えて、語尾に「?」をつけます。「먹습니까?（食べますか?）」。語尾のイントネーションを上げて発音します。

ここでcheck

1 ～습니다（～です・ます）の形をつくってみましょう。

例 먹다（食べる）	食べます。 （먹습니다　　　　　）.
① 입다（着る）	着ます。 （　　　　　　　　）.
② 신다（履く）	履きますか？ （　　　　　　　　）?
③ 받다（もらう）	もらいます。 （　　　　　　　　）.
④ 많다（多い）	多いですか？ （　　　　　　　　）?
⑤ 맛있다（おいしい）	おいしいです。 （　　　　　　　　）.
⑥ 고맙다（ありがたい）	ありがたいです。 （　　　　　　　　）.

Chapter 1
Chapter 2
Chapter 3
Chapter 4

2 日本語に訳してみましょう。

① 아침에는 빵을 먹습니다 .
（　　　　　　　　　　　　）。
아침：朝、빵：パン

② 오늘은 날씨가 좋습니까 ?
（　　　　　　　　　　　　）?
오늘：今日、날씨：天気、좋다：よい

こたえ
1.①입습니다　②신습니까　③받습니다　④많습니까　⑤맛있습니다
⑥고맙습니다
2.①朝はパンを食べます　②今日は天気がいいですか

Lesson 2

活用形 1　ㅂ니다(ムニダ) ／ ～です・ます〈丁寧・パッチムなし〉

Lesson 1と同じ動詞・形容詞の丁寧な「です・ます」。ただし、今度は語幹末にパッチムがないことに注目！　パッチムがないときは、「ㅂ니다」をつけます。

きほんのフレーズ

오늘은(オヌルン) 회사에(フェサエ) 갑니다(カムニダ).

今日は　会社に　行きます。

つくり方

가다(カダ) → 갑니다(カムニダ)

行く　→　行きます

活用形 1

❶「다」をとる

가 다

パッチムない！

❷「ㅂ니다」をつける

가 + ㅂ니다

→ 갑니다

うしろにつけるだけ！

解説　疑問形は「갑니까?（行きますか?）」。語尾のイントネーションを上げて発音します。

ここでcheck

1 ～ㅂ니다（～です・ます）の形をつくってみましょう。

例 가다（行く）	行きます。 （갑니다　　　　　　）.
① 배우다（習う）	習います。 （　　　　　　　　）.
② 쉬다（休む）	休みますか？ （　　　　　　　　）？
③ 타다（乗る）	乗ります。 （　　　　　　　　）.
④ 다니다（通う）	通いますか？ （　　　　　　　　）？
⑤ 예쁘다（かわいい）	かわいいです。 （　　　　　　　　）.
⑥ 시원하다（涼しい）	涼しいです。 （　　　　　　　　）.

2 日本語に訳してみましょう。

① 옷을 삽니다 .
（　　　　　　　　）。
옷：服、사다：買う

② 한국의 날씨는 따뜻합니까？
（　　　　　　　　）？
한국：韓国、날씨：気候、따뜻하다：暖かい

こたえ
1.①배웁니다　②쉽니까　③탑니다　④다닙니까　⑤예쁩니다
⑥시원합니다
2.①服を買います　②韓国の気候は暖かいですか

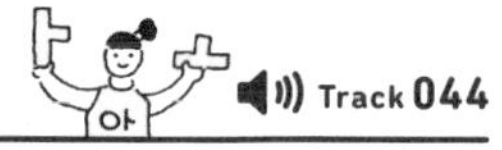

活用形3 아/어요（ア/オヨ） ／ ～です・ます〈丁寧〉

ふだんの会話で使えるヘヨ体の活用を覚えましょう。語幹末の母音が陽母音（ㅏ、ㅗ）か陰母音（ㅏ、ㅗ以外）かが決め手です（活用形について、くわしくはP96～参照）！

きほんのフレーズ

선물을（ソンムルル） 받아요（パダヨ）.
プレゼントを　もらいます。

つくり方

받다（パッタ） → 받아（パダ） → 받아요（パダヨ）　活用形3
もらう　　　　　　　　　もらいます

❶「다」をとる
받 다

母音が陽母音！

❷ 活用形3に直す
받아

陽母音のときは「아」をつける！

❸「요」をつける
받아 + 요

+α ヘヨ体は、「～します」以外に、疑問、勧誘、命令の意味をもつこともあります（くわしくはP70～71参照）。「밥을 먹어요」で、言い方によって、「ご飯を食べますか？」「ご飯を食べましょう！」「ご飯を食べて！」という意味にもなります。

ここでcheck

1 ⋮ ~아/어요（~です・ます）の形をつくってみましょう。

例 받다[バッタ]（もらう）	もらいます。 (받아요　　　　　　　　).
① 입다[イプタ]（着る）	着ます。 (　　　　　　　　).
② 신다[シンタ]（履く）	履きますか？ (　　　　　　　　)?
③ 받다[バッタ]（もらう）	もらいます。 (　　　　　　　　).
④ 많다[マンタ]（多い）	多いですか？ (　　　　　　　　)?
⑤ 맛있다[マシッタ]（おいしい）	おいしいです。 (　　　　　　　　).
⑥ 고맙다[コマプタ]（ありがたい） ㅂ変則	ありがたいです。 (　　　　　　　　).

2 ⋮ 日本語に訳してみましょう。

① 식당에서 우동을 먹어요.
(　　　　　　　　　　　)。
식당：食堂、우동：うどん

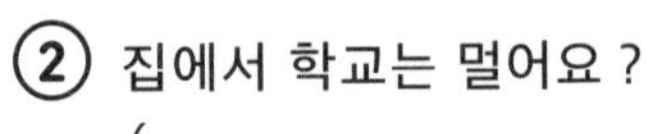
② 집에서 학교는 멀어요？
(　　　　　　　　　　　)？
집：家、학교：学校、멀다：遠い

こたえ
1. ①입어요　②신어요　③받아요　④많아요　⑤맛있어요　⑥고마워요
2. ①食堂でうどんを食べます　②家から学校は遠いですか

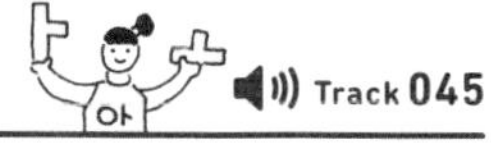

Lesson 4

活用形 3 안~아/어요（アン ~ア/オヨ）／ ~しません〈否定〉

否定の表現。動詞や形容詞の前に「안」をつけるだけだから覚えやすいですね。「안」につづく動詞をハムニダ体にすれば、さらに丁寧な表現になります。

きほんのフレーズ

요즘 아침은 안 먹어요.（ヨジュム アチムン アン モゴヨ）
最近、朝ご飯は 食べません。

つくり方

먹다（モクタ） → 먹어요（モゴヨ） → 안 먹어요（アン モゴヨ） 活用形 3
食べる 食べます 食べません

❶「다」をとる
먹 다

母音が陰母音！

❷ 活用形 3 + 요に直す
먹어요

陰母音のときは「어」をつける！最後に「요」をつけてヘヨ体に

❸ 否定の「안」をつける
안 + 먹어요

動詞の前に「안」をつける！

解説 「名詞+하다」動詞の場合は、名詞と「하다」の間に「안」を入れ、「공부 안 해요」のようになります。ただし、「조용하다（静かだ）」のように、「名詞+하다」形容詞の場合は、前につけて「안 조용해요（静かではありません）」になります。

ここでcheck

1 안~아/어요（~しません）の形をつくってみましょう。

例 먹다 (モクタ)（食べる）	食べません。 (안 먹어요).
① 앉다 (アンタ)（座る）	座りません。 ( ).
② 입다 (イプタ)（着る）	着ませんか？ ( )？
③ 팔다 (パルダ)（売る）	売りません。 ( ).
④ 작다 (チャクタ)（小さい）	小さくありません。 ( ).
⑤ 주문하다 (チュムナダ)（注文する）	注文しませんか？ ( )？
⑥ 조용하다 (チョヨンハダ)（静かだ）	静かでありません。 ( ).

2 日本語に訳してみましょう。

① 고기를 안 먹어요？
( )？
고기：肉

② 술은 안 좋아해요.
( )。
술：お酒、좋아하다：好きだ

こたえ
1.①안 앉아요 ②안 입어요 ③안 팔아요 ④안 작아요 ⑤주문 안 해요
⑥안 조용해요
2.①肉を食べませんか ②お酒は好きではありません

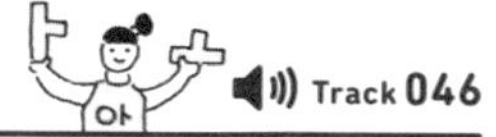

Lesson 5

活用形3 못~아 / 어요 ／ ~できません〈不可能〉

(モッ ア オヨ)

不可能の表現。動詞のすぐ前に「못」をつけるだけ。食べられないものや飲めないものを勧められてもお断りできるようになります。覚えておくと心強い！「안」と同様に、ハムニダ体につけてもOK!

きほんのフレーズ

(ハングゴヌン モン ニルゴヨ)

한국어는 못 읽어요.

韓国語は　読めません。

つくり方

(イクタ → モン ニルゴヨ)

읽다 → 못 읽어요

読む　　読めません

活用形3

❶「다」をとる

읽 다

母音が陰母音！

❷ 活用形3＋요に直す

읽어요

陰母音のときは「어」をつける！最後に「요」をつけてヘヨ体に

❸「못」をつける

못＋읽어요

動詞の前に「못」をつける！

+α 「가지 않다（行かない）」「가지 못하다（行けない）」などのように、「안」の代わりに「~지 않다」、「못」の代わりに「~지 못하다」も書き言葉などでよく使われます。活用形1につきます。

ここでcheck

1 못~아/어요（~できません）の形をつくってみましょう。

例 읽다（イクタ）（読む）	読めません。 （못 읽어요 ）.
① 씻다（ッシッタ）（洗う）	洗えません。 （ ）.
② 참다（チャムタ）（がまんする）	がまんできません。 （ ）.
③ 날다（ナルダ）（飛ぶ）	飛べませんか？ （ ）？
④ 믿다（ミッタ）（信じる）	信じられません。 （ ）.
⑤ 잊다（イッタ）（忘れる）	忘れられません。 （ ）.
⑥ 연락하다（ヨルラカダ）（連絡する）	連絡できません。 （ ）.

2 日本語に訳してみましょう。

① 오늘은 가지 못해요 .

（ ）。

오늘：今日、가다：行く

+α参照

② 그 사람을 아직 못 잊어요 .

（ ）。

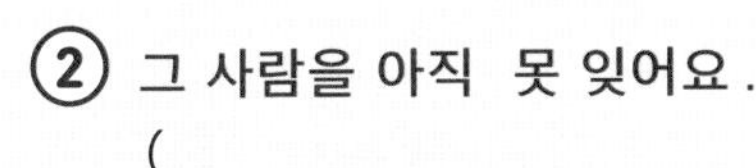

사람：人、아직：まだ

こたえ
1. ①못 씻어요 ②못 참아요 ③못 날아요 ④못 믿어요 ⑤못 잊어요 ⑥연락 못해요
2. ①今日は行けません ②あの人をまだ、忘れられません

Lesson 6

活用形 2 (으)ㄹ 수 있어요 ／ ～できます〈可能〉

ウ ル ス イッ ソ ヨ

可能の表現。「방을 바꿀 수 있어요? (部屋を変えることができますか?)」のように、旅行などでたくさん使える文型です!

きほんのフレーズ

ハングルル イルグル ス イッソヨ
한글을 읽을 수 있어요 .
ハングルを　読むことが　できます。

つくり方

イクタ　　イルグル ス イッソヨ
읽다 → 읽을 수 있어요
読む　　読むことができます

活用形 2

❶「다」をとる
읽 다

パッチムある!

❷ 活用形 2 に直す
읽으

パッチムがあるときは「으」をつける!

❸「ㄹ 수 있어요」をつける
읽으
+ ㄹ수 있어요
→ 읽을 수 있어요

+α 不可能表現は、「없어요」を使って、「읽을 수 없어요 (読むことができません)」になります。

ここでcheck

1 ～(으)ㄹ 수 있어요(～できます)の形をつくってみましょう。

例 읽다（イㇰタ）（読む）	読むことができます。 （읽을 수 있어요　　）.
① 가르치다（カルチダ）（教える）	教えることができます。 （　　　　）.
② 만나다（マンナダ）（会う）	会うことができますか？ （　　　　）？
③ 벗다（ポッタ）（脱ぐ）	脱ぐことができます。 （　　　　）.
④ 풀다（プルダ）（解く） ㄹ語幹、+α参照	解くことができませんか？ （　　　　）？
⑤ 잊다（イッタ）（忘れる） +α参照	忘れることができません。 （　　　　）.
⑥ 예약하다（イェヤカダ）（予約する）	予約することができます。 （　　　　）.

2 日本語に訳してみましょう。

① 한자를 읽을 수 있어요？

（　　　　）？

한자：漢字

② 친구를 만날 수 없어요.

（　　　　）。

친구：友だち

+α参照

こたえ
1.①가르칠 수 있어요　②만날 수 있어요　③벗을 수 있어요　④풀 수 없어요　⑤잊을 수 없어요
⑥예약할 수 있어요
2.①漢字を読むことができますか　②友だちに会うことができません

Lesson 7

活用形3 아 / 어요 ／ ～です・ます〈縮約・省略パターン〉

動詞や形容詞をヘヨ体に活用するときに、文字が合体したり、省略されたりすることがあります。発音しやすいように変化しているので、口に出して覚えてみましょう！

きほんのフレーズ

오늘 친구를 만나요.
今日、友だちに 会います。

つくり方

만나다 → (만나아요) → 만나요　活用形3
会う　　　　　　　　　会います

❶「다」をとる
만나 다

母音が陽母音！

❷ 活用形3に直す
(만나아→)

陽母音のときは「아」をつける！ でも…

❸「요」をつける
만나 아 + 요

語幹末の母音が「ㅏ」のときは「아」が省略されるよ！

解説 動詞や形容詞の語幹末の母音が「ㅏ、ㅓ、ㅕ、ㅐ、ㅔ」の場合、活用形3では「아/어」を省略します(P73参照)。

ここでcheck

1 ～아/어요（～です・ます）の形をつくってみましょう。

例 만나다[マンナダ]（会う）	会います。 （만나요　　　　）.
① 비싸다[ピッサダ]（値段が高い）	高いです。 （　　　　　　　）.
② 서다[ソダ]（立つ、停まる）	停まりますか？ （　　　　　　　）?
③ 건너다[コンノダ]（渡る）	渡ります。 （　　　　　　　）.
④ 켜다[キョダ]（点ける）	点けます。 （　　　　　　　）.
⑤ 재다[チェダ]（計る）	計ります。 （　　　　　　　）.
⑥ 베다[ベダ]（切る）	切りますか？ （　　　　　　　）?

2 日本語に訳してみましょう。

① 친구와 어디서 만나요？

（　　　　　　　　　　　）？

친구：友だち、어디서：どこで

② 여기에 버스가 서요？

（　　　　　　　　　　　）？

여기：ここ、버스：バス

こたえ
1. ①비싸요　②서요　③건너요　④켜요　⑤재요　⑥베요
2. ①友だちとどこで会いますか　②ここにバスが停まりますか

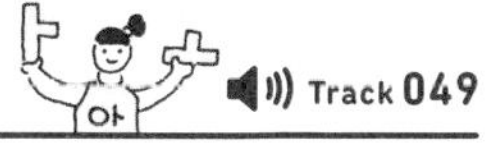

Lesson 8

活用形 3 아 / 어요 ／ 〜です・ます〈縮約・合体パターン〉

Lesson7 に続いて、活用するときの文字の合体について。語幹末の母音に注目しましょう。ルールがわかれば、かんたんに活用できるようになります。

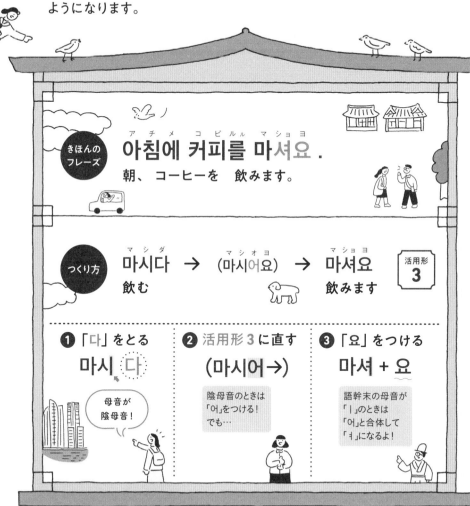

きほんのフレーズ

아침에 커피를 마셔요 .
朝、コーヒーを　飲みます。

つくり方

마시다 → (마시어요) → 마셔요 活用形 3
飲む　　　　　　　　飲みます

❶「다」をとる
마시 다
母音が陰母音！

❷ 活用形 3 に直す
(마시어→)
陰母音のときは「어」をつける！でも…

❸「요」をつける
마셔 + 요
語幹末の母音が「ㅣ」のときは「어」と合体して「ㅕ」になるよ！

解説 動詞や形容詞の語幹末の母音が「ㅗ、ㅜ、ㅣ、ㅚ」の場合、活用形3では母音が合体して「(ㅗ+아→) ㅘ、(ㅜ+어→) ㅝ、(ㅣ+어→) ㅕ、(ㅚ+어→) ㅙ」となります(P73参照)。ただし母音が「ㅟ、ㅢ」の場合は、語幹末に「어」をつけます。

ここでcheck

1 ～아/어요（～です・ます）の形をつくってみましょう。

例 마시다（飲む）	飲みます。 （마셔요　　　　　　　）.
① 오다（来る）	来ます。 （　　　　　　　　　）.
② 보다（見る）	見ますか？ （　　　　　　　　　）？
③ 배우다（習う）	習います。 （　　　　　　　　　）.
④ 주다（あげる）	あげますか？ （　　　　　　　　　）？
⑤ 기다리다（待つ）	待ちます。 （　　　　　　　　　）.
⑥ 되다（なる）	なりますか？ （　　　　　　　　　）？

2 日本語に訳してみましょう。

① 영화관에서 영화를 봐요 .

（　　　　　　　　　　　　）。

영화관：映画館、영화：映画

② 요즘도 영어 학원에 다녀요？

（　　　　　　　　　　　　）？

요즘：最近、영어 학원：英語塾
다니다：通う

こたえ
1. ①와요　②봐요　③배워요　④줘요　⑤기다려요
⑥돼요
2. ①映画館で映画を見ます　②最近も英語塾に通っていますか

活用形3　아 / 어ㅆ어요（アオッソヨ） ／ ～でした・ました〈過去形〉

ヘヨ体の過去形。過去形を覚えれば、過去の感想や体験を語り合うときに役立ちます。動詞、形容詞の活用形3に「～ㅆ어요」をつけるだけだからかんたん！

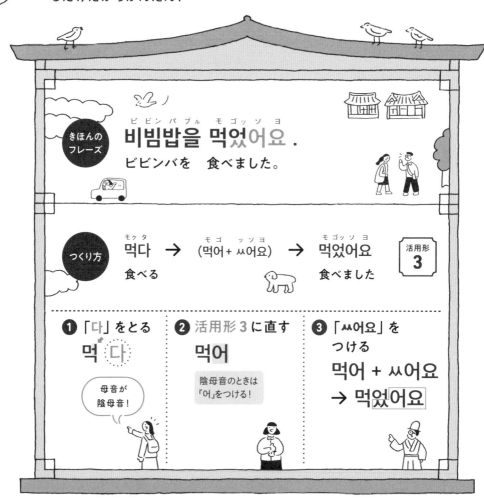

きほんのフレーズ

비빔밥을 먹었어요.（ピビンパブル モゴッソヨ）
ビビンバを　食べました。

つくり方

먹다（モクタ）→（먹어＋ㅆ어요）（モゴ ッソヨ）→ 먹었어요（モゴッソヨ）　活用形3
食べる　　　　　　　　　　　　　　　　食べました

❶「다」をとる
먹 다

母音が陰母音！

❷ 活用形3に直す
먹어

陰母音のときは「어」をつける！

❸「ㅆ어요」をつける
먹어 ＋ ㅆ어요
→ 먹었어요

解説　覚え方のコツは「ㅆ어요」の「ㅆ」を「過去のある人人（ひとびと）」とインプットすること！疑問形はそのまま語尾に「?」をつけて「먹었어요？(食べましたか?)」となります。

ここでcheck

1 ～아/어ㅆ어요（～でした・ました）の形をつくってみましょう。

例 먹다（モクタ）（食べる）	食べました。 （먹었어요　　　）.
① 쉬다（シュイダ）（休む）	休みましたか？ （　　　）？
② 살다（サルダ）（住む、暮らす）	住みました。 （　　　）.
③ 세다（セダ）（強い） 縮約	強かったです。 （　　　）.
④ 맛있다（マシッタ）（おいしい）	おいしかったです。 （　　　）.
⑤ 공부하다（コンブハダ）（勉強する）	勉強しました。 （　　　）.
⑥ 따뜻하다（ツタトゥタダ）（暖かい）	暖かかったですか？ （　　　）？

2 日本語に訳してみましょう。

① 떡볶이를 만들었어요 .

（　　　）。

떡볶이：トッポッキ、만들다：作る

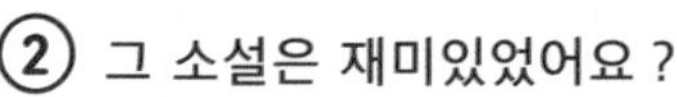

② 그 소설은 재미있었어요 ?

（　　　）？

소설：小説、재미있다：面白い

こたえ
1.①쉬었어요　②살았어요　③셌어요　④맛있었어요　⑤공부했어요
⑥따뜻했어요
2.①トッポッキを作りました　②その小説は面白かったですか

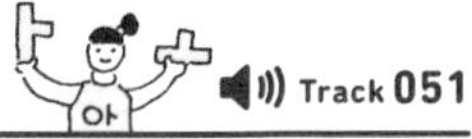

活用形3 아 / 어ㅆ습니다 ／ ～でした・ました〈過去形〉

ア / オッスムニダ

ハムニダ体の過去形。Lesson9の「～ㅆ어요」より少しかしこまった言い方で、ビジネスやフォーマルな場で使えます。

きほんのフレーズ

ソソルル イルゴッスムニダ
소설을 읽었습니다.
小説を 読みました。

つくり方

イクタ		イルゴッスムニダ
읽다	→	읽었습니다
読む		読みました

活用形3

❶「다」をとる
읽 다

母音が陰母音！

❷ 活用形3に直す
읽어

陰母音のときは「어」をつける！

❸「～ㅆ습니다」をつける
읽어
＋ㅆ습니다
→ 읽었습니다

解説 하다用言の過去形は、活用形3の「해」に「～ㅆ습니다」をつけて「했습니다」になります。

ここでcheck

1 ～아/어ㅆ습니다（～でした・ました）の形をつくってみましょう。

例 읽다（イクタ）（読む）	読みました。（읽었습니다　）.
① 쉬다（シュィダ）（休む）	休みましたか？（　）?
② 살다（サルダ）（住む、暮らす）	住みました。（　）.
③ 세다（セダ）（強い） 縮約	強かったです。（　）.
④ 맛있다（マシッタ）（おいしい）	おいしかったです。（　）.
⑤ 공부하다（コンブハダ）（勉強する）	勉強しました。（　）.
⑥ 따뜻하다（ッタトゥタダ）（暖かい）	暖かかったですか？（　）?

2 日本語に訳してみましょう。

① 한국 영화를 봤습니까？
（　）？
한국：韓国、영화：映画

② 선생님은 키가 컸습니다 .
（　）。
선생님：先生、키가 크다：身長が高い

こたえ
1. ①쉬었습니까？ ②살았습니다 ③셌습니다 ④맛있었습니다 ⑤공부했습니다 ⑥따뜻했습니까
2. ①韓国映画を見ましたか ②先生は身長が高かったです

Chapter 1 Chapter 2 Chapter 3 Chapter 4

Lesson 11

活用形 1　고 싶어요 ／ ～したいです〈願望〉

（コ シポヨ）

「～したい」という願望の表現。「ビビンバ食べたい!」「明洞行きたい!」など、旅行では必ず使う文型です。活用形 1 に「～고 싶어요」をつけるだけ!

きほんのフレーズ

チングルル マンナゴ シポヨ
친구를 만나고 싶어요 .
友だちに　会いたいです。

つくり方

マンナダ　　　マンナゴ シポヨ
만나다 → 만나고 싶어요 .
会う　　　会いたいです

活用形 1

❶「다」をとる
만나 다

❷「고 싶어요」をつける
만나 + 고 싶어요

うしろにつけるだけ!

+α　活用形 1 に「～기 싫어요」をつけると、「만나기 싫어요 (会いたくありません)」のように、否定の意味になります。

ここでcheck

1 ～고 싶어요（～したいです）の形をつくってみましょう。

例 만나다（会う）	会いたいです。 （만나고 싶어요　　）.
① 배우다（習う）	習いたいです。 （　　）.
② 되다（なる）	なりたいですか？ （　　）？
③ 만들다（作る）	作りたいです。 （　　）.
④ 걷다（歩く）	歩きたいですか？ （　　）？
⑤ 부르다（歌う）	歌いたいです。 （　　）.
⑥ 사랑하다（愛する）	愛したいです。 （　　）.

2 日本語に訳してみましょう。

① 노래를 부르고 싶어요 .
（　　）。

노래：歌

② 일찍 자기 싫어요 .
（　　）。

일찍：早く、자다：寝る

+α参照

こたえ
1.①배우고 싶어요　②되고 싶어요　③만들고 싶어요　④걷고 싶어요　⑤부르고 싶어요
⑥사랑하고 싶어요
2.①歌を歌いたいです　②早く寝たくありません

Lesson 12

活用形2　(으) ㄹ 거예요 ／ ～するつもりです〈意志〉

（ウ ル コイェヨ）

比較的親しい間柄で、自分の決心や意志を伝えるときに使う表現。「한국어를 마스터할 거예요!（韓国語をマスターします!）」というように、心に決めた目標を宣言してみましょう。

きほんのフレーズ

（ソウレヌン チェガ カル コイェヨ）

서울에는 제가 갈 거예요!

ソウルには　私が　行くつもりです！

つくり方

（カダ）　（カル コイェヨ）

가다 → 갈 거예요　活用形2

行く　　行くつもりです

❶「다」をとる

가 다

パッチムない!

❷ 活用形2に直す

가

パッチムがないときはそのまま!

❸「ㄹ 거예요」をつける

가 + ㄹ 거예요

→갈 거예요

+α　「(으) ㄹ 거예요」は「입을 거예요（着ると思います）」「바쁠 거예요（忙しいと思います）」のように、話し手の推測を表すときにも使います。

ここでcheck

1　~(으) ㄹ 거예요 (~するつもりです) の形をつくってみましょう。

例 가다(カダ)（行く）	行くつもりです。 （갈 거예요　　　　　）.
① 기다리다(キダリダ)（待つ）	待つつもりです。 （　　　　　　　　）.
② 닫다(タッタ)（閉める）	閉めるつもりです。 （　　　　　　　　）.
③ 열다(ヨルダ)（開ける） ㄹ語幹	開けるつもりです。 （　　　　　　　　）.
④ 입다(イプタ)（着る）	着るつもりですか？ （　　　　　　　　）?
⑤ 부르다(プルダ)（歌う）	歌うつもりです。 （　　　　　　　　）.
⑥ 청소하다(チョンソハダ)（掃除する）	掃除するつもりですか？ （　　　　　　　　）?

Chapter 1
Chapter 2
Chapter 3
Chapter 4

2　日本語に訳してみましょう。

① 제가 한국 노래를 부를 거예요 .
（　　　　　　　　　　　　）。
한국：韓国、노래：歌

② 동생이 창문을 닫을 거예요 .
（　　　　　　　　　　　　）。
동생：妹、창문：窓
+α参照

こたえ
1. ①기다릴 거예요　②닫을 거예요　③열 거예요　④입을 거예요　⑤부를 거예요
⑥청소할 거예요
2. ①私が韓国の歌を歌うつもりです　②妹が窓を閉めてくれると思います

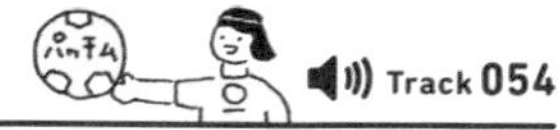

活用形 2 (으)세요（ウセヨ） ／ ～してください〈丁寧な命令・敬語〉

「～してください」という丁寧な命令の表現のほかに、「～でいらっしゃいます」「お～になります」という敬語の表現としても使われます。

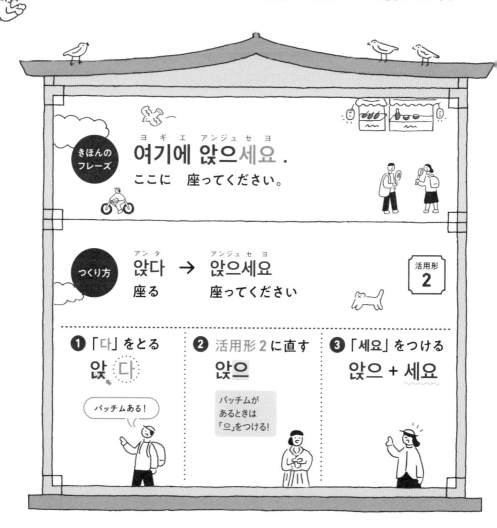

きほんのフレーズ

여기에 앉으세요.（ヨギエ アンジュセヨ）
ここに　座ってください。

つくり方

앉다（アンタ） → 앉으세요（アンジュセヨ）　活用形 2
座る　　座ってください

❶「다」をとる
앉 다

パッチムある！

❷ 活用形２に直す
앉으

パッチムがあるときは「으」をつける！

❸「세요」をつける
앉으 + 세요

+α 動詞の活用形２に「～십시오」をつけると、さらに丁寧な表現になります。「조심하십시오（お気をつけください）」など、電車や飛行機のアナウンスなどで使われています。

ここでcheck

1 ～(으)세요（～してください）の形をつくってみましょう。

例 앉다（座る）	座ってください。 （앉으세요　）.
① 보다（見る）	見てください。 （　）.
② 만나다（会う）	会われますか？ （　）？
③ 살다（住む、暮らす） ㄹ語幹	住んでいらっしゃいますか？ （　）？
④ 찾다（探す）	お探しですか？ （　）？
⑤ 바쁘다（忙しい）	お忙しいですか？ （　）？
⑥ 청소하다（掃除する）	掃除されます。 （　）.

2 日本語に訳してみましょう。

① 잠깐만 기다리세요！

（　）！

잠깐만：少々、기다리다：待つ

② 손님，무엇을 찾으세요？

（　）？

손님：お客さん、무엇：何

こたえ
1.①보세요　②만나세요　③사세요　④찾으세요　⑤바쁘세요
⑥청소하세요
2.①少々お待ちください　②お客さん、何をお探しですか

Lesson 14

活用形 1 지 마세요 ／ ～しないでください〈丁寧な禁止〉

(チ マ セ ヨ)

丁寧な禁止の表現。韓国の街中で、「들어가지 마세요（入らないでください）」「뛰지 마세요（走らないでください）」と書かれた標識や看板、貼り紙を見かけたら、読んでみましょう！

きほんのフレーズ

(チグム カジ マセヨ)
지금 가지 마세요.
今、行かないでください。

つくり方

(カダ) 가다 → (カジ マセヨ) 가지 마세요 活用形 1
行く　行かないでください

❶「다」をとる
가 다

❷「～지 마세요」をつける
가＋지 마세요

うしろにつけるだけ！

+α 活用形１に「～지 마십시오」をつけると、さらに丁寧な表現になります。「가지 마십시오（いらっしゃらないでください）」など、目上の人やお客さんに対して禁止を促すときに使います。

ここでcheck

1 ～지 마세요（～しないでください）の形をつくってみましょう。

例 가다（行く）	行かないでください。 （가지 마세요　）.
① 보다（見る）	見ないでください。 （　）.
② 쓰다（書く）	書かないでください。 （　）.
③ 읽다（読む）	読まないでください。 （　）.
④ 놀다（遊ぶ）	遊ばないでください。 （　）.
⑤ 믿다（信じる）	信じないでください。 （　）.
⑥ 전화하다（電話する）	電話しないでください。 （　）.

2 日本語に訳してみましょう。

① 담배를 피우지 마세요！

（　）！

담배：たばこ、피우다：吸う

② 사진을 찍지 마십시오！

（　）！

사진：写真、찍다：撮る

+α参照

こたえ
1. ①보지 마세요　②쓰지 마세요　③읽지 마세요　④놀지 마세요　⑤믿지 마세요　⑥전화하지 마세요
2. ①たばこを吸わないでください　②写真を撮らないでください

Track 056

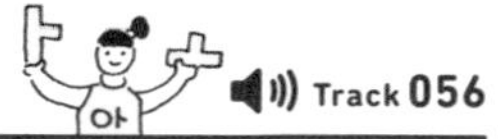

Lesson 15

活用形 3　아 / 어 주세요（ア / オ ジュセヨ） ／ ～してください〈丁寧な依頼〉

「見せてください」「聞いてください」 など、 何かをお願いするときに使える表現。買い物や食堂などで使えるから、覚えておくと便利です。

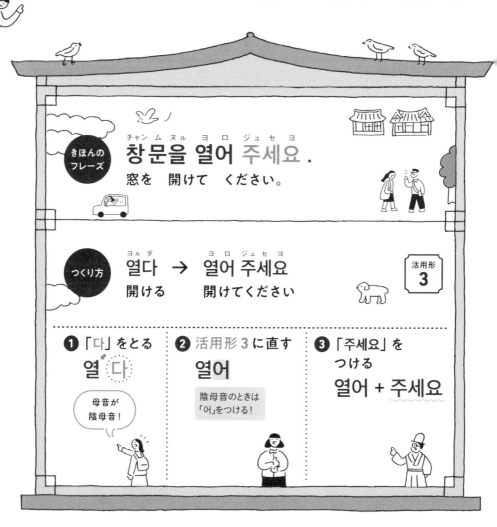

きほんのフレーズ

チャンムヌル　ヨロ　ジュセヨ

창문을 열어 주세요.

窓を　開けて　ください。

つくり方

ヨルダ　→　ヨロ ジュセヨ

열다 → 열어 주세요

開ける　　開けてください

活用形 3

❶「다」をとる

열 다

母音が陰母音！

❷ 活用形 3 に直す

열어

陰母音のときは「어」をつける！

❸「주세요」をつける

열어 + 주세요

+α　「열어 보세요（開けてみてください）」のように、「～아/어 주세요」の代わりに「～아/어 보세요」をつけると、「～してみてください」という意味になります。

ここでcheck

1 ～아/어 주세요（～してください）の形をつくってみましょう。

例 열다（開ける）	開けてください。 （열어 주세요　）.
① 오다（来る） 縮約	来てください。 （　）.
② 사다（買う） 縮約	買ってください。 （　）.
③ 닦다（磨く）	磨いてください。 （　）.
④ 넣다（入れる）	入れてください。 （　）.
⑤ 찾다（探す） +α参照	探してみてください。 （　）.
⑥ 생각하다（考える） +α参照	考えてみてください。 （　）.

2 日本語に訳してみましょう。

① 사진을 찍어 주세요！

（　）！

사진：写真、찍다：撮る

② 이 김치를 먹어 보세요！

（　）！

김치：キムチ、먹다：食べる

+α参照

こたえ
1. ①와 주세요　②사 주세요　③닦아 주세요　④넣어 주세요　⑤찾아 보세요　⑥생각해 보세요
2. ①写真を撮ってください　②このキムチを食べてみてください

Lesson 16

尊敬動詞 드세요 ／ 召し上がります〈尊敬動詞〉

トゥセヨ

日本語の尊敬語の「食べる→召し上がる」のように、韓国語も「자다（寝る）」→「주무시다（お休みになる）」、「있다（いる）」→「계시다（いらっしゃる）」などに単語が変わることがあります。

きほんのフレーズ

チグム チョムシム トゥセヨ
지금 점심 드세요？
今、 お昼 召し上がっていますか？

つくり方

モクタ 먹다	→	トゥシダ 드시다	→	トゥセヨ 드세요
食べる		召し上がる		召し上がってください

尊敬動詞

❶ 尊敬動詞に直す

먹다 → 드시다
食べる　召し上がる

❷「시다」を「세요」に直す

드시다 → 드세요

解説 日本語で表現すると少しイメージしにくいかもしれませんが、「있다（ある）」の尊敬表現は「있으시다（おありだ）」、「없다（ない）」の尊敬表現は「없으시다（おありでない）」となります。

ここでcheck

1 尊敬動詞に変えてみましょう。

例 먹다（モクタ）（食べる）	召し上がる（드시다　　）． 召し上がります（드세요　　）．
① 마시다（マシダ）（飲む）	召し上がる（드시다　　）． 召し上がります（　　）．
② 자다（チャダ）（寝る）	お休みになる（주무시다　　）． お休みになります（　　）．
③ 있다（イッタ）（いる）	いらっしゃる（계시다　　）． いらっしゃいます（　　）．
④ 있다（イッタ）（ある） 尊敬動詞は③とは異なる	おありだ（있으시다　　）． おありです（　　）．

2 日本語に訳してみましょう。

① 선생님은 댁에 계세요？
（　　）？
선생님：先生、댁：お宅

② 보통 몇 시에 주무세요？
（　　）？
보통：ふだん、몇 시：何時

こたえ
1.①드세요　②주무세요　③계세요　④있으세요
2.①先生はお宅にいらっしゃいますか　②ふだん、何時にお休みになりますか

Track 058

Lesson 17

活用形 2

(으)ㄹ까요?（ウ ルッカヨ） ／ ～しましょうか？〈提案・勧誘〉

「먹을까요?（食べましょうか）」「갈까요?（行きましょうか）」のように相手に提案したり、勧誘したりするときに使う表現。相手の気持ちを引き出すときに使えます。

きほんのフレーズ

가게까지（カゲッカジ）
함께 걸을까요？（ハムケ コルルカヨ）
お店まで　いっしょに　歩きましょうか?

つくり方

걷다（コッタ） → 걸을까요？（コルルカヨ）
歩く　　歩きましょうか?

活用形 2

❶「다」をとる
걷 다

パッチムがㄷのㄷ変則だね！ ㄷがㄹに変化するよ！

❷ 活用形２に直す
걸으

パッチムがあるときは「으」をつける!

❸「ㄹ까요？」をつける
걸으 + ㄹ까요
→ 걸을까요？

+α

「갈까요？(行くでしょうか?)」「좋을까요？(いいでしょうか?)」のように、推測の質問をするときに使う表現もあります。この場合は形容詞にも使えます。

ここでcheck

1 ～(으) ㄹ까요？(～しましょうか？) の形をつくってみましょう。

例 걷다（歩く） ㄷ変則	歩きましょうか？ (걸을까요？　　) ？
① 기다리다（待つ）	待ちましょうか？ (　　) ？
② 닫다（閉める）	閉めましょうか？ (　　) ？
③ 만들다（作る） ㄹ語幹	作りましょうか？ (　　) ？
④ 읽다（読む）	読みましょうか？ (　　) ？
⑤ 크다（大きい）	大きいでしょうか？ (　　) ？
⑥ 조용하다（静かだ）	静かでしょうか？ (　　) ？

2 日本語に訳してみましょう。

① 카페에서 좀 쉴까요？
(　　) ？
카페：カフェ、좀：ちょっと、쉬다：休む

② 지금 서울에도 눈이 올까요？
(　　) ？
지금：今、눈：雪

こたえ
1.①기다릴까요　②닫을까요　③만들까요　④읽을까요　⑤클까요
⑥조용할까요
2.①カフェでちょっと休みましょうか　②今、ソウルにも雪が降っているでしょうか

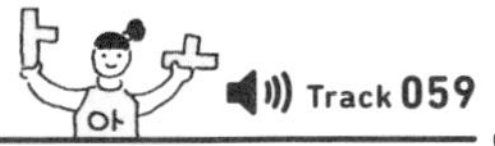

Lesson 18

活用形 3　아 / 어야 돼요 ／ ～しなければなりません〈義務〉

ア　オ ヤ　ドゥェ ヨ

海外旅行に行くと、日本とルールが違う場合もありますね。「아/어야 돼요」は、ある状況で何かをする義務や必要があることを表します。

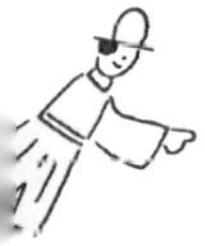

きほんのフレーズ

ヒュ デ　ポ ヌル　ッコ ヤ　ドゥェ ヨ

휴대폰을 꺼야 돼요.

携帯電話を　切らなければ　なりません。

つくり方

ック ダ　　ック オ ヤ　ドゥェ ヨ　　ッコ ヤ　ドゥェ ヨ

끄다 → (끄어야 돼요) → 꺼야 돼요　活用形 3

切る　　切らなければなりません

❶「다」をとる

끄 다

パッチムがㅡの
으変則だね！
活用してㅡがなくなるよ！

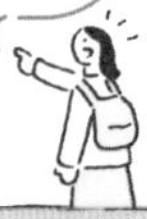

❷ 活用形 3 に直す

(끄어→) 꺼

陰母音のときは
「어」をつける！

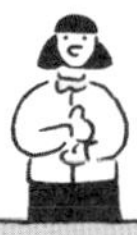

❸「야 돼요」をつける

꺼 + 야 돼요

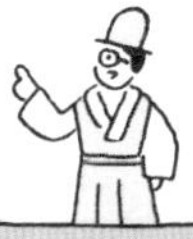

+α 義務の表現には「～아/어야 돼요」のほかに、「가야 해요（行かなければなりません）」「먹어야 해요（食べなければなりません）」のように「～아/어야 해요」という表現もあります。「해요」がつくと、より自分の意志が強い表現になります。

ここでcheck

1 ~아/어야 돼요（~しなければなりません）の形をつくってみましょう。

例 끄다（切る）ックダ　으変則	切らなければなりません。（꺼야 돼요　）.
① 만나다（会う）マンナダ　縮約	会わなければなりません。（　）.
② 보다（見る）ポダ　縮約	見なければなりません。（　）.
③ 배우다（習う）ペウダ　縮約	習わなければなりません。（　）.
④ 보내다（送る）ポネダ　縮約	送らなければなりません。（　）.
⑤ 기다리다（待つ）キダリダ　縮約	待たなければなりません。（　）.
⑥ 공부하다（勉強する）コンブハダ	勉強しなければなりません。（　）.

2 日本語に訳してみましょう。

① 표를 사야 돼요？

（　）？

표：チケット、사다：買う

② 감기약을 먹어야 해요.

（　）。

감기약：風邪薬

+α参照

こたえ
1. ①만나야 돼요　②봐야 돼요　③배워야 돼요　④보내야 돼요　⑤기다려야 돼요
⑥공부해야 돼요
2. ①チケットを買わなければなりませんか　②風邪薬を飲まなければなりません

Lesson 19

活用形 1　고（コ）／～して・くて〈羅列・順次〉

「영화를 보고 쇼핑을 했어요（映画を観て、買い物をしました）」のように、2つの文章を接続するときに使います。ぶつ切りではない長文を話せて、会話のレベルがアップ！

きほんのフレーズ

맛도 좋고 서비스도 좋아요 .
（マット チョコ ソビスド チョアヨ）
味も　よくて　サービスも　いいです。

つくり方

좋다（チョタ） → 좋고（チョコ）　活用形 1
よい　　よくて

❶「다」をとる
좋 다

❷「고」をつける
좋 + 고

うしろにつけるだけ！

+α　「보고（見てから）」「먹고（食べてから）」のように、「～してから」という意味のときにも使えます。

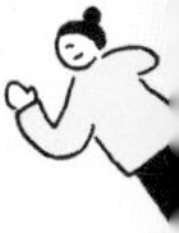

ここでcheck

1 ～고（～して・くて）の形をつくってみましょう。

例 좋다（チョタ）（よい）	よくて （좋고　　　　）
① 사다（サダ）（買う）	買って （　　　　）
② 받다（パッタ）（もらう）	もらって （　　　　）
③ 열다（ヨルダ）（開ける）	開けて （　　　　）
④ 작다（チャクタ）（小さい）	小さくて （　　　　）
⑤ 빠르다（ッパルダ）（速い）	速くて （　　　　）
⑥ 시원하다（シウォナダ）（涼しい）	涼しくて （　　　　）

2 日本語に訳してみましょう。

① 비빔밥도 먹고 삼계탕도 먹어요 .

（　　　　　　　　）。

비빔밥：ビビンバ、삼계탕：サムゲタン

② 키가 크고 멋있어요 .

（　　　　　　　　）。

키：身長、크다：高い、멋있다：すてきだ

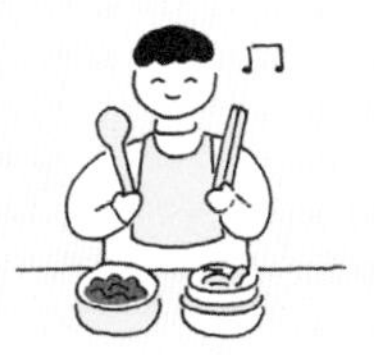

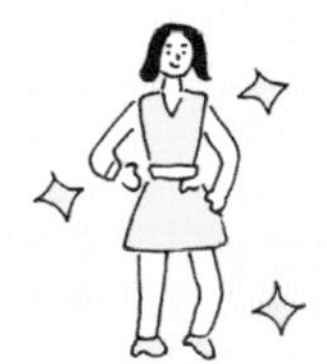

こたえ

1. ①사고　②받고　③열고　④작고　⑤빠르고　⑥시원하고

2. ①ビビンバも食べて、サムゲタンも食べます　②身長が高くて、すてきです

Lesson 20

活用形 1 지만（チマン） ／ ～けど・が〈逆接〉

「먹지만（食べるけど）」「어렵지만（難しいけど）」などのように、前の文と逆の意味の文をつなげるときに使います。覚えておくと、少し複雑な表現もできるようになります。

きほんのフレーズ

한국어는（ハグゴヌン）
어렵지만 재미있어요 .（オリョプチマン チェミイッソヨ）
韓国語は　難しいけど　面白いです。

つくり方

어렵다（オリョプタ） → 어렵지만（オリョプチマン）
難しい → 難しいけど

活用形 1

❶「다」をとる
어렵 다

❷「지만」をつける
어렵 + 지만

うしろにつけるだけ！

+α 過去形は、「먹었지만（食べたが）」「좋았지만（よかったけど）」のように、活用形３に「～ㅆ지만」をつけます。

ここでcheck

1 ～지만 (～けど・が) の形をつくってみましょう。

例 어렵다 (オリョプタ)（難しい）	難しいけど （어렵지만　）
① 주다 (チュダ)（あげる）	あげるけど （　）
② 볶다 (ポクタ)（炒める）	炒めるけど （　）
③ 늘다 (ヌルダ)（増える）	増えるけど （　）
④ 부럽다 (プロプタ)（うらやましい）	うらやましいけど （　）
⑤ 늦다 (ヌッタ)（遅い）	遅いけど （　）
⑥ 가난하다 (カナナダ)（貧しい） +α参照	貧しかったけど （　）

2 日本語に訳してみましょう。

① 눈이 오지만 춥지 않아요 .

（　）。

눈：雪、오다：降る、춥다：寒い

否定形

② 이 김치는 맵지만 맛있어요 .

（　）。

김치：キムチ、맵다：辛い、맛있다：おいしい

こたえ
1. ①주지만　②볶지만　③늘지만　④부럽지만　⑤늦지만
⑥가난했지만
2. ①雪が降るけど寒くありません　②このキムチは辛いけどおいしいです

Chapter 1　Chapter 2　Chapter 3　Chapter 4

ここでおさらい

1 例のように活用してみましょう。

例 고맙다（活用形1＋습니다）→ 고맙습니다　（ありがとうございます）

(1) 만나다（活用形2＋ㄹ 수 있어요）→　（会うことができます）

(2) 좋다（活用形3＋요）→　（いいです）

(3) 입다（活用形1＋지 않아요）→　（着ません）

(4) 만들다（活用形1＋고 싶어요）→　（作りたいです）

(5) 먹다（活用形2＋ㄹ거예요）→　（食べるつもりです）

(6) 앉다（活用形2＋세요）→　（座ってください）

(7) 가다（活用形1＋지 마세요）→　（行かないでください）

(8) 가르치다（活用形3＋주세요）→　（教えてください）

(9) 읽다（活用形2＋ㄹ까요？）→　（読みましょうか？）

(10) 기다리다（活用形3＋야 돼요）→　（待たなければなりません）

こたえ

(1) 만날 수 있어요　(2) 좋아요　(3) 입지 않아요　(4) 만들고 싶어요　(5) 먹을 거예요
(6) 앉으세요　(7) 가지 마세요　(8) 가르쳐 주세요　(9) 읽을까요？　(10) 기다려야 돼요

2 例のように書いてみましょう。

例 このドラマを見たいですか?
이 드라마를（ 보고 싶어요 ）?

(1) 最近はお酒は飲みません。
요즘은 술은（ ）.

(2) 明日は会社に行けません。
내일은 회사에（ ）.

(3) カフェで友だちを待つつもりです。
카페에서 친구를（ ）.

(4) ビビンバとキムチを食べました。
비빔밥하고 김치를（ ）.

(5) 朝は何を召し上がりますか?
아침에는 무엇을（ ）?

(6) この食堂は味もよくて、値段も安いです。
이 식당은 맛도（ ）값도 싸요.

(7) この映画はちょっと難しいですが、面白いです。
이 영화는 좀（ ）재미있어요.

(8) 今日も勉強しなければなりません。
오늘도（ ）.

こたえ
(1)안 마셔요／마시지 않아요 (2)못 가요／가지 못해요 (3)기다릴 거예요 (4)먹었어요
(5)드세요 (6)좋고 (7)어렵지만 (8)공부해야 돼요

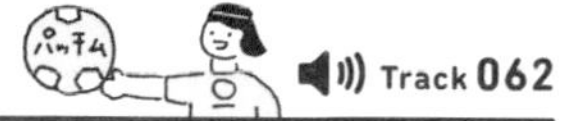

Lesson 21

活用形 2　(으)니까 ／ ～から・ので〈原因・理由〉

(ウ)(ニッカ)

「가니까（行くから）」「바쁘니까（忙しいから）」などのように、理由や原因を表すときに使います。自分の意見や行動の動機を説明できるから、説得力のある会話ができるように！

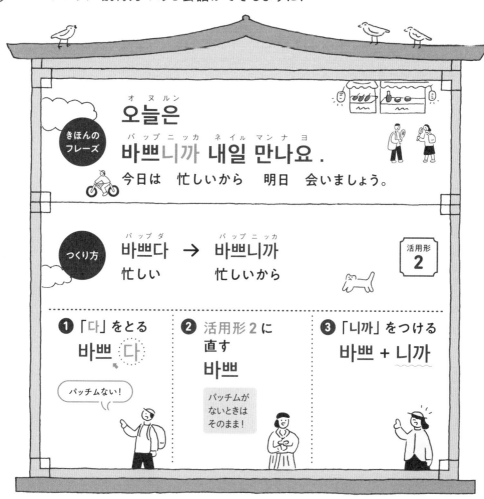

きほんのフレーズ

オヌルン
오늘은

パップニッカ　ネイル　マンナヨ
바쁘니까 내일 만나요 .

今日は　忙しいから　明日　会いましょう。

つくり方

パップダ　→　パップニッカ

바쁘다 → 바쁘니까

忙しい　→　忙しいから

活用形 2

❶「다」をとる

바쁘 다

パッチムない！

❷ 活用形 2 に直す

바쁘

パッチムがないときはそのまま！

❸「니까」をつける

바쁘 + 니까

+α 過去形は、「만났으니까（会ったから）」「좋았으니까（よかったから）」のように、活用形3に「～ㅆ으니까」をつけます。

ここでcheck

1 ～(으)니까（～から・ので）の形をつくってみましょう。

例 바쁘다（忙しい）	忙しいから（바쁘니까　）
① 웃다（笑う）	笑うから（　）
② 울다（泣く）+α参照	泣いたから（　）
③ 씻다（洗う）	洗うから（　）
④ 짜다（しょっぱい）	しょっぱいから（　）
⑤ 적다（少ない）+α参照	少なかったから（　）
⑥ 재미없다（面白くない）	面白くないから（　）

2 日本語に訳してみましょう。

① 서로 사랑하니까 결혼했어요 .
（　）。
서로：お互いに、사랑하다：愛している、
결혼하다：結婚する

② 점심을 먹었으니까 괜찮아요 .
（　）。
점심：昼ご飯、괜찮다：大丈夫だ
+α参照

こたえ
1.①웃으니까　②울었으니까　③씻으니까　④짜니까　⑤적었으니까
⑥재미없으니까
2.①お互いに愛しているから結婚しました　②昼ご飯を食べたから大丈夫です

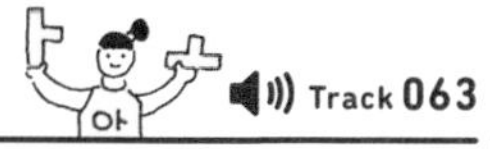

Lesson 22

活用形3 아 / 어서 ／ ～から・ので〈原因・理由〉

（アオソ）

Lesson21の「～（으）니까」と同じように原因・理由を説明するフレーズですが、使い方が違うので要注意。「～아/어서」は、事実に基づいた単純な理由・原因を述べるときに使われます。

きほんのフレーズ

ナルシガ　チョアソ　キブニ　チョアヨ

날씨가 좋아서 기분이 좋아요 .

天気が　よいから　気分が　いいです。

つくり方

チョタ		チョアソ
좋다	→	좋아서
よい		よいから

活用形3

❶「다」をとる

좋~~다~~

母音が陽母音！

❷ 活用形3に直す

좋아

陽母音のときは「아」をつける！

❸「서」をつける

좋아 + 서

+α 「～아 / 어서」は「～(으) 니까」と違い、自分の意志や勧誘表現には使いません。また、名詞に続く場合は、名詞の語幹末にパッチムがないときは「～라서」、パッチムがあるときは「～이라서」をつけます。

ここでcheck

1 ～아/어서（～から・ので）の形をつくってみましょう。

例 좋다（よい）	よいから（좋아서）
① 오다（来る） 縮約	来るから（　　）
② 놀다（遊ぶ）	遊ぶから（　　）
③ 심다（植える）	植えるから（　　）
④ 늦다（遅い）	遅いから（　　）
⑤ 없다（ない、いない）	ないから（　　）
⑥ 밝다（明るい）	明るいから（　　）

2 日本語に訳してみましょう。

① 비라서 못 가요 .
（　　　　　　　　）。

비：雨

+α参照

② 늦어서 죄송합니다 .
（　　　　　　　　）。

죄송하다：申し訳ない

こたえ
1. ①와서　②놀아서　③심어서　④늦어서　⑤없어서　⑥밝아서
2. ①雨だから行けません　②遅くなって申し訳ありません

Lesson 23

活用形2 (으)면 ／ ～たら・れば〈仮定〉

仮定の表現。「만약 한국에 가면（もし韓国に行けたら）」のような希望や願望を表します。日本語の仮定形は、「～すると、すれば、したら」などいくつも言い回しがありますが、韓国語は「면」だけでOK!

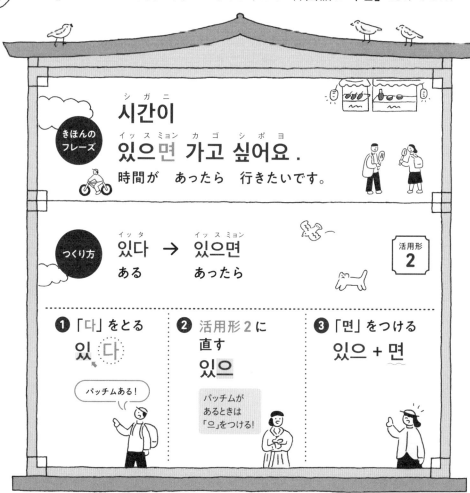

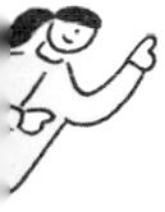

きほんのフレーズ

시간이 있으면 가고 싶어요.

時間が　あったら　行きたいです。

つくり方

있다 → 있으면

ある　　あったら

活用形2

❶「다」をとる

있 다

パッチムある!

❷ 活用形2に直す

있으

パッチムがあるときは「으」をつける!

❸「면」をつける

있으 + 면

+α 「그때 택시를 탔으면（あのときタクシーに乗っていたら）」などのように、後悔を表すときにも使えます。

ここでcheck

1 ~(으)면(~たら・れば)の形をつくってみましょう。

例 있다 イッタ(ある)	あったら (있으면)
① 자다 チャダ(寝る)	寝たら ( )
② 깎다 ッカクタ(値引きする)	値引きしたら ( )
③ 알다 アルダ(知る、わかる) ㄹ語幹	わかれば ( )
④ 닫다 タッタ(閉める)	閉めれば ( )
⑤ 맛있다 マシッタ(おいしい) +α参照	おいしかったら ( )
⑥ 깨끗하다 ッケックタダ(きれいだ)	きれいならば ( )

2 日本語に訳してみましょう。

① 값이 싸면 사고 싶어요 .
( )。
값:値段、싸다:安い、사다:買う

② 창문을 닫으면 조용해져요 .
( )。
창문:窓、조용해지다:静かになる

こたえ
1.①자면 ②깎으면 ③알면 ④닫으면 ⑤맛있으면
⑥깨끗하면
2.①値段が安ければ買いたいです ②窓を閉めたら静かになります

Track 065

Lesson 24

活用形 3　아 / 어도（ア / オド）／ ～ても〈条件〉

「먹어도（食べても）」「비싸도（高くても）」のように「～아/어도」でつなぐと、前の文章の条件が打ち消されます。下の +α にある、セットで使う表現も覚えておきましょう！

きほんのフレーズ

좀 비싸도 괜찮아요.（チョム ピッサド クェンチャナヨ）

ちょっと　高くても　かまいません。

つくり方

비싸다（ピッサダ）→ 비싸도（ピッサド）

高い　　　　高くても

活用形 3

❶「다」をとる

비싸 다

母音が陽母音！

❷ 活用形 3 に直す

(비싸아 →)

陽母音のときは「아」をつける！でも…

❸「도」をつける

비싸 + 도（아）

語幹末の母音が「ㅏ」のときは「아」が省略されるよ！

+α

「아/어도」の前につけて、「아무리 ～아/어도（いくら～しても）」、後ろにつけて「～아/어도 괜찮아요（～てもかまいません）」「～도 돼요（～してもいいです）」「～도 좋아요（～てもいいです）」などが、セットでよく使われます。

ここでcheck

1 ～아 / 어도（～ても）の形をつくってみましょう。

例 비싸다（高い）	高くても（비싸도　）
① 내리다（降りる） 縮約	降りても（　）
② 타다（乗る） 縮約	乗っても（　）
③ 찍다（撮る）	撮っても（　）
④ 입다（着る）	着ても（　）
⑤ 없다（ない）	なくても（　）
⑥ 많다（多い）	多くても（　）

2 日本語に訳してみましょう。

① 지금 가도 돼요 ?

（　）?

지금：今

+α参照

② 회의에 좀 늦어도 괜찮아요 .

（　）。

회의：会議、좀：ちょっと、늦다：遅れる

+α参照

こたえ

1. ①내려도　②타도　③찍어도　④입어도　⑤없어도　⑥많아도

2. ①今、行ってもいいですか　②会議にちょっと遅れてもかまいません

Lesson 25

活用形 2　(으)러 ／ ～しに〈目的〉

文を連結する単語。「영화를 보러（映画を観に）」「다토리 군을 만나러（タトリくんに会いに）」のように、行動の目的を伝えることができます！

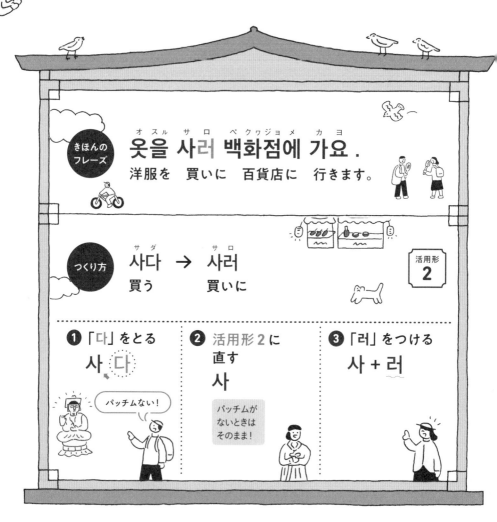

きほんのフレーズ

옷을 사러 백화점에 가요 .
洋服を　買いに　百貨店に　行きます。

つくり方

사다 → 사러
買う　　買いに

活用形 2

❶「다」をとる
사 다

パッチムない！

❷ 活用形 2 に直す
사

パッチムがないときはそのまま！

❸「러」をつける
사 + 러

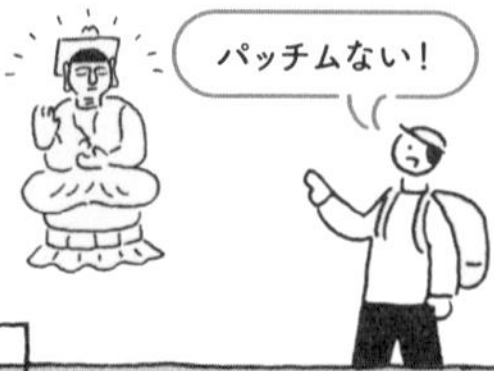

解説　「러」でつないだうしろには、「가다（行く）」「오다（来る）」などの移動を表す動詞を使った文が続きます。

ここでcheck

1 ～(으)러(～しに)の形をつくってみましょう。

例 사다（サダ）（買う）	買いに （사러　　　）
① 바꾸다（パックダ）（変える）	変えに （　　　）
② 쉬다（シュィダ）（休む）	休みに （　　　）
③ 읽다（イクタ）（読む）	読みに （　　　）
④ 받다（パッタ）（もらう）	もらいに （　　　）
⑤ 놀다（ノルダ）（遊ぶ） ㄹ語幹	遊びに （　　　）
⑥ 찍다（ッチクタ）（撮る）	撮りに （　　　）

2 日本語に訳してみましょう。

① 책을 빌리러 도서관에 갔어요 .

（　　　　　　　　　　　　　）。

책：本、빌리다：借りる、도서관：図書館

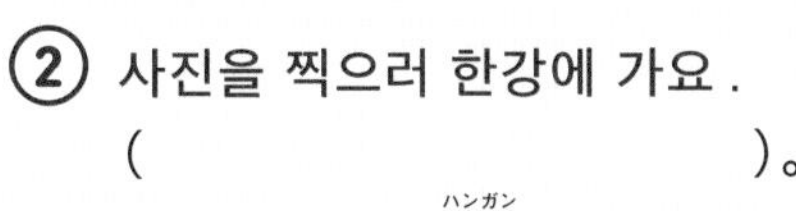

② 사진을 찍으러 한강에 가요 .

（　　　　　　　　　　　　　）。

사진：写真、한강：漢江（ハンガン）

こたえ
1. ①바꾸러　②쉬러　③읽으러　④받으러　⑤놀러　⑥찍으러
2. ①本を借りに図書館に行きました　②写真を撮りに漢江に行きます

Lesson 26

活用形 1　고 있어요（コ イッソヨ）／ 〜しています〈動作の現在進行形〉

動作の現在進行形の表現。「보고 있어요（見ています）」「먹고 있어요（食べています）」という、いま現在している動作を表します。

きほんのフレーズ

한국 드라마를 보고 있어요 .（ハングク トゥラマルル ポゴ イッソヨ）
韓国　ドラマを　見ています。

つくり方

보다（ポダ）→ 보고 있어요（ポゴ イッソヨ）　活用形 1
見る　　見ています

❶「다」をとる
보 다

❷「고 있어요」をつける
보 + 고 있어요

うしろにつけるだけ！

解説 「〜していません」と否定の意味にしたいときは、否定の「안」をつけ、「안〜고 있어요」となります。「안」は用言の前にくるので要注意！「見ていません」は、「안 보고 있어요」となります。

ここでcheck

1 ～고 있어요（～しています）の形をつくってみましょう。

例 보다（見る）	見ています。 (보고 있어요).
① 다니다（通う）	通っています。 ( ).
② 키우다（飼う）	飼っていますか？ ( )?
③ 밀다（押す）	押しています。 ( ).
④ 당기다（引く）	引いています。 ( ).
⑤ 찾다（探す） 過去形	探していました。 ( ).
⑥ 사랑하다（愛する）	愛しています。 ( ).

2 日本語に訳してみましょう。

① 고양이를 키우고 있어요 .
（　　　　　　　　）。
고양이：猫

② 열쇠를 찾고 있었어요？
（　　　　　　　　）？
열쇠：カギ

こたえ
1. ①다니고 있어요　②키우고 있어요　③밀고 있어요　④당기고 있어요　⑤찾고 있었어요
⑥사랑하고 있어요
2. ①猫を飼っています　②カギを探していましたか

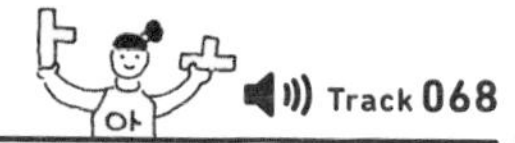

Lesson 27

活用形 3　아/어 있어요 ／ ～しています〈状態の現在進行形〉

アオイッソヨ

状態の現在進行形の表現。「피어 있어요（咲いています）」のように、その状態が続いているときに使います。Lesson26の「～고 있어요」は動作、「～아/어 있어요」は状態の現在進行形、と覚えてください。

きほんのフレーズ

チャンミガ　マニ　ピオ　イッソヨ

장미가 많이 피어 있어요 .

バラが　たくさん　咲いて　います。

つくり方

ピダ → ピオ イッソヨ

피다 → 피어 있어요

咲く → 咲いています

活用形 3

❶「다」をとる

피 다

母音が陰母音！

❷ 活用形3に直す

피어

陰母音のときは「어」をつける！

❸「있어요」をつける

피어 +
있어요

解説　Lesson26の「～고 있어요」は「動作」を表しますが、「～아/어 있어요」は動きは完了しているけれど、「咲いている」「開いている」という状態の継続を表します。日本語は動作も状態も同じ表現ですが、韓国語は区別します。

ここでcheck

1 ～아/어 있어요（～しています）の形をつくってみましょう。

例 피다（咲く）	咲いています。 （피어 있어요　　　　　）.
① 서다（立つ） 縮約	立っています。 （　　　　　　　　　　）.
② 앉다（座る） 過去形	座っていました。 （　　　　　　　　　　）.
③ 들다（入る）	入っていますか？ （　　　　　　　　　　）?
④ 붙다（つく）	ついています。 （　　　　　　　　　　）.
⑤ 꺼지다（消える） 過去形、縮約	消えていました。 （　　　　　　　　　　）.
⑥ 닫히다（閉まる） 縮約	閉まっていますか？ （　　　　　　　　　　）?

2 日本語に訳してみましょう。

① 소파에 앉아 있어요 .
（　　　　　　　　　　）。
소파：ソファ

② 문이 닫혀 있었어요 .
（　　　　　　　　　　）。
문：ドア、扉

こたえ
1. ①서 있어요　②앉아 있었어요　③들어 있어요　④붙어 있어요　⑤꺼져 있었어요　⑥닫혀 있어요
2. ①ソファに座っています　②ドアが閉まっていました

Lesson 28

活用形 2

(으) 면서 ／ ～しながら〈同時進行〉

文を連結する単語。「보면서（見ながら）」「들으면서（聞きながら）」のように、2つの動作を同時に行うときに使います。「ながら」を表現するのに便利です！

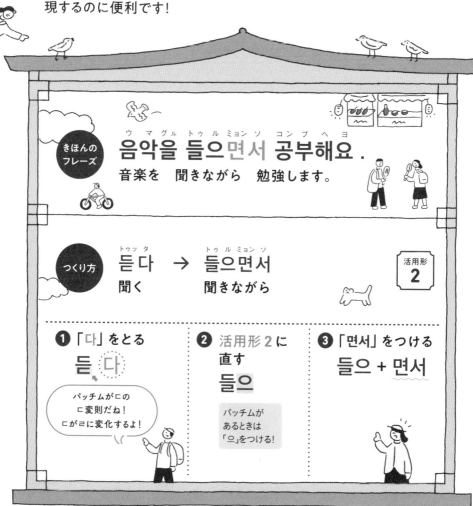

きほんのフレーズ

음악을 들으면서 공부해요.
音楽を　聞きながら　勉強します。

つくり方

듣다 → 들으면서
聞く　聞きながら

活用形 2

❶「다」をとる
듣 다

パッチムがㄷの
ㄷ変則だね！
ㄷがㄹに変化するよ！

❷ 活用形２に直す
들으

パッチムがあるときは「으」をつける！

❸「면서」をつける
들으 + 면서

+α 「～（으）면서」は、「모르면서 아는 척한다（知らないのに知ったかぶりをする）」のように、2つ以上の行為や状態が、相反する関係にあるときにも使います。

ここでcheck

1 ～(으)면서（～しながら）の形をつくってみましょう。

例 듣다（聞く） トゥッタ ㄷ変則	聞きながら（들으면서）
① 부르다（歌う） ブルダ	歌いながら（　　　）
② 놀다（遊ぶ） ノルダ ㄹ語幹	遊びながら（　　　）
③ 읽다（読む） イクタ	読みながら（　　　）
④ 웃다（笑う） ウッタ	笑いながら（　　　）
⑤ 걷다（歩く） コッタ ㄷ変則	歩きながら（　　　）
⑥ 운전하다（運転する） ウンジョナダ	運転しながら（　　　）

2 日本語に訳してみましょう。

① 노래를 부르면서 피아노를 쳐요 .
（　　　　　　　　　　）。
노래：歌、피아노：ピアノ、치다：弾く

② 웃으면서 이야기했어요 .
（　　　　　　　　　　）。
웃다：笑う、이야기하다：話す

こたえ
1. ①부르면서　②놀면서　③읽으면서　④웃으면서　⑤걸으면서　⑥운전하면서
2. ①歌を歌いながらピアノを弾きます　②笑いながら話しました

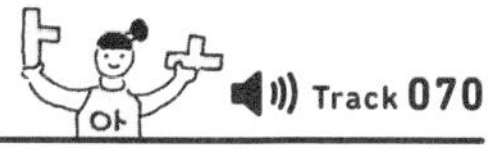

Track 070

Lesson 29

活用形 3　아 / 어서（ア / オソ） ／ ～して(から)〈時間の前後関係〉

文章を連結する単語。「친구를 만나서 카페에 갔어요（友だちと会って、カフェに行きました）」のように、順序だてた出来事を話すときに使います。

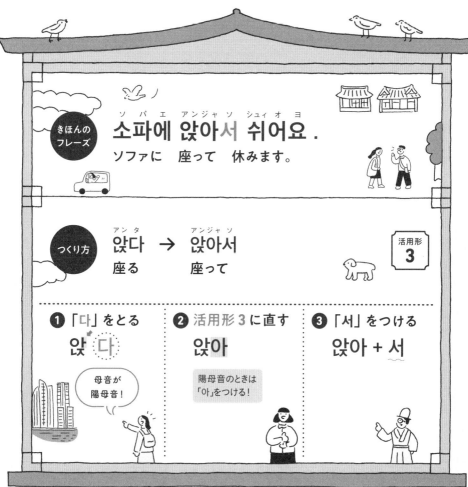

きほんのフレーズ

ソ パ エ　アンジャソ　シュィオヨ

소파에 앉아서 쉬어요 .

ソファに　座って　休みます。

つくり方

アンタ → アンジャソ

앉다 → 앉아서

座る　　座って

活用形 3

❶「다」をとる

앉 다

母音が陽母音！

❷ 活用形 3 に直す

앉아

陽母音のときは「아」をつける！

❸「서」をつける

앉아 + 서

解説　「~아 / 어서」は前の動作をしたまま、後ろの動作をするときに使います。フランクな口調の場合、「앉아（座ってから）」のように「서」を省略して使うこともあります。また、Lesson22 と同じ形ですが、意味はまったく違います。

ここでcheck

1 ～아/어서（～してから）の形をつくってみましょう。

例 앉다（座る）	座って（앉아서　）
① 비비다（混ぜる） 縮約	混ぜて（　）
② 서다（立つ） 縮約	立って（　）
③ 벌다（稼ぐ）	稼いで（　）
④ 붙이다（貼る） 縮約	貼って（　）
⑤ 담다（盛る）	盛って（　）
⑥ 깎다（剥く）	剥いて（　）

2 日本語に訳してみましょう。

① 우표를 붙여서 보냈어요 .
（　　　　）。
우표：切手、보내다：送る

② 돈을 많이 벌어 자동차를 샀어요 .
（　　　　）。
돈：お金、많이：たくさん、자동차：車、사다：買う

こたえ
1. ①비벼서　②서서　③벌어서　④붙여서　⑤담아서　⑥깎아서
2. ①切手を貼って送りました　②お金をたくさん稼いで車を買いました

Lesson 30

活用形 1　기 전에 ／ ～する前に〈時間〉

時間の前後関係を表す単語。「만나기 전에（会う前に）」「먹기 전에（食べる前に）」のように使えます。「～（으）ㄴ 후에（した後に）」とセットで覚えましょう！

きほんのフレーズ

마나기 전에 연락을 해요 .
会う　前に　連絡を　します。

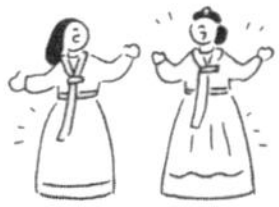

つくり方

만나다 → 만나기 전에
会う　　会う前に

活用形 1

❶「다」をとる
만나 다

❷「기 전에」をつける
만나 + 기 전에

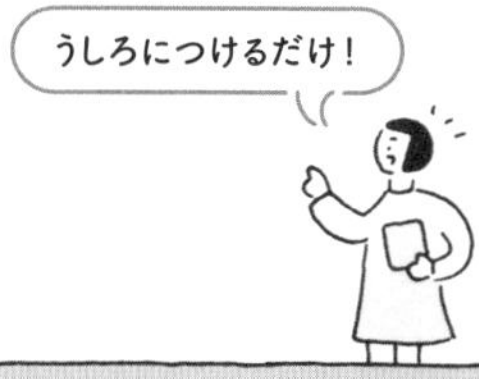

うしろにつけるだけ！

+α　「만난 후에（会った後に）」「먹은 후에（食べた後に）」のように、活用形２に「～（으）ㄴ 후에」をつけると、「～した後に」という意味になります。

ここでcheck

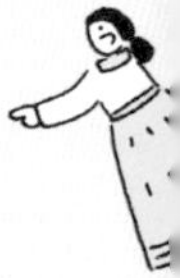

1 ～기 전에（～する前に）の形をつくってみましょう。

例 만나다 マンナダ（会う）	会う前に (만나기 전에)
① 타다 タダ（乗る）	乗る前に ( )
② 마시다 マシダ（飲む）	飲む前に ( )
③ 닦다 タクタ（拭く）	拭く前に ( )
④ 묻다 ムッタ（聞く）	聞く前に ( )
⑤ 찍다 ッチクタ（撮る）	撮る前に ( )
⑥ 결혼하다 キョロナダ（結婚する）	結婚する前に ( )

2 日本語に訳してみましょう。

① 공부하기 전에 운동해요 .
( )。
공부하다：勉強する、운동하다：運動する

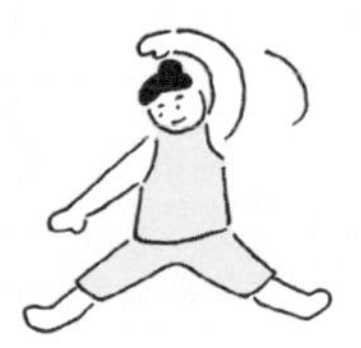

② 저녁을 먹은 후에 산책했어요 .
( )。
저녁：夕食、산책하다：散歩する
+α参照

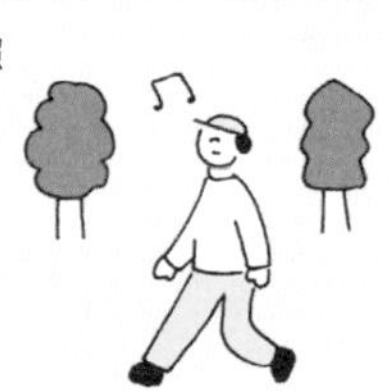

こたえ
1. ①타기 전에 ②마시기 전에 ③닦기 전에 ④묻기 전에 ⑤찍기 전에 ⑥결혼하기 전에
2. ①勉強する前に運動します ②夕食を食べた後、散歩しました

Lesson 31

活用形 1　는…（ヌン）／ ～している…〈動詞の現在連体形〉

動詞の現在連体形。名詞の前について、動詞を修飾します。「아는 사람（知っている人）」「읽는 책（読んでいる本）」のような、より具体的な表現ができるようになります。

きほんのフレーズ

요즘 보는 드라마 있어요？（ヨジュム　ポヌン　トゥラマ　イッソヨ）
最近、見ている　ドラマ　ありますか?

つくり方

보다（ポダ） → 보는（ポヌン）　活用形 1
見る　　見ている…

❶「다」をとる
보 다

❷「는」をつける
보 + 는

うしろにつけるだけ！

解説　「～는」は動詞のほかに、「없다（ない、いない）」や「맛있다（おいしい）」「맛없다（まずい）」「재미있다（面白い）」「재미없다（つまらない）」などのように「있다」「없다」がつく形容詞にもつきます。

ここでcheck

1 ～는…（～している…）の形をつくってみましょう。

例 보다（見る）	見ている… （보는　）
① 주다（あげる）	あげている… （　）
② 입다（着る）	着ている… （　）
③ 살다（住む） ㄹ語幹	住んでいる… （　）
④ 걷다（歩く）	歩いている… （　）
⑤ 맛있다（おいしい）	おいしい… （　）
⑥ 좋아하다（好きだ）	好きな… （　）

2 日本語に訳してみましょう。

① 이게 매일 듣는 노래예요 .

（　）。

매일：毎日、듣다：聞く、노래：歌

② 별로 재미없는 영화예요 .

（　）。

별로：あまり、재미없다：面白くない
영화：映画

こたえ

1. ①주는　②입는　③사는　④걷는　⑤맛있는
⑥좋아하는
2. ①これが毎日聞いている歌です　②あまり面白くない映画です

Lesson 32

活用形 2

(으)ㄴ… ／ ～した…〈動詞の過去連体形〉

動詞の過去連体形。「먹은 음식（食べた料理）」「산 구두（買った靴）」のように、過去のできごとをくわしく表現できます。

きほんのフレーズ

어제 본 영화는 재미있었어요 .

昨日　見た　映画は　面白かったです。

つくり方

보다 → 본

見る　　見た…

活用形 2

❶「다」をとる
보 다

パッチムない！

❷ 活用形 2 に直す
보

パッチムがないときはそのまま！

❸「ㄴ」をつける
보 + ㄴ → 본

+α 「～したことがある／ない」のように過去の経験を表すときは、「～ (으) ㄴ 적이 있다／없다」という表現を使います。

ここでcheck

1 ～(으)ㄴ… (～した…) の形をつくってみましょう。

例 보다（ポダ）（見る）	見た… (본)
① 찌다（ッチダ）（蒸す）	蒸した… ( )
② 볶다（ポッタ）（炒める）	炒めた… ( )
③ 삶다（サムタ）（ゆでる）	ゆでた… ( )
④ 굽다（クプタ）（焼く） ㅂ変則	焼いた… ( )
⑤ 데우다（テウダ）（温める）	温めた… ( )
⑥ 요리하다（ヨリハダ）（料理する）	料理した… ( )

2 日本語に訳してみましょう。

① 친구를 도운 적이 있어요 .

(　　　　　　　　　　　　)。

친구：友だち、돕다：助ける

+α参照、ㅂ変則

② 아침에 삶은 계란을 먹었어요 .

(　　　　　　　　　　　　)。

아침：朝、계란：たまご、먹다：食べる

こたえ
1. ①찐　②볶은　③삶은　④구운　⑤데운　⑥요리한
2. ①友だちを助けたことがあります　②朝にゆで卵を食べました

Track 074

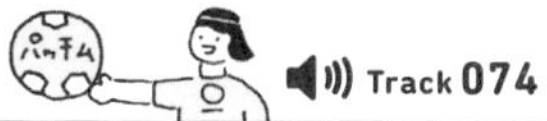

Lesson 33

活用形 2　(으)ㄹ… ／ 〜する…〈動詞の未来連体形〉

(ウ)(ル)

動詞の未来連体形。「볼 영화（見る映画）」「만날 사람（会う人）」のように、これからすることを表現するときに使います。

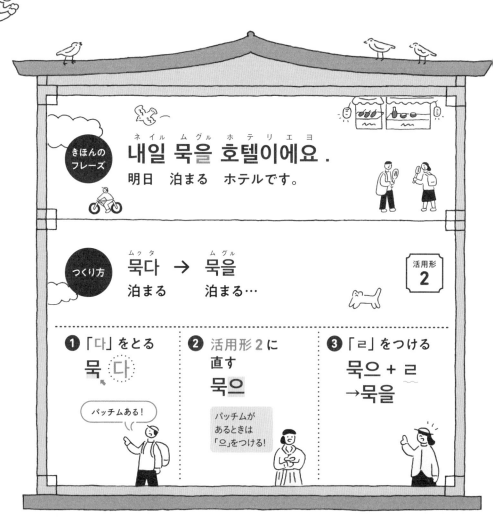

きほんのフレーズ

ネイル　ムグル　ホテリエヨ
내일 묵을 호텔이에요.
明日　泊まる　ホテルです。

つくり方

ムクタ　→　ムグル
묵다 → 묵을
泊まる　　泊まる…

活用形 2

❶「다」をとる
묵 다

パッチムある!

❷ 活用形 2 に直す
묵으

パッチムがあるときは「으」をつける!

❸「ㄹ」をつける
묵으 + ㄹ
→묵을

解説　「볼 동영상（見る動画）」「없을 때（ないとき）」のように、時制とは関係なく、単に名詞を修飾するときにも使います。

ここでcheck

1 ～(으)ㄹ…（～する…）の形をつくってみましょう。

例 묵다（ムクタ）（泊まる）	泊まる… （묵을　　　　）
① 찌다（ッチタ）（蒸す）	蒸す… （　　　　）
② 볶다（ポクタ）（炒める）	炒める… （　　　　）
③ 삶다（サムタ）（ゆでる）	ゆでる… （　　　　）
④ 굽다（クプタ）（焼く） ㅂ変則	焼く… （　　　　）
⑤ 데우다（テウダ）（温める）	温める… （　　　　）
⑥ 요리하다（ヨリハダ）（料理する）	料理する… （　　　　）

2 日本語に訳してみましょう。

① 여기가 내일 갈 불고기집이에요 .

（　　　　　　　　　　　　）。

여기：ここ、내일：明日、가다：行く
불고기집：焼き肉屋

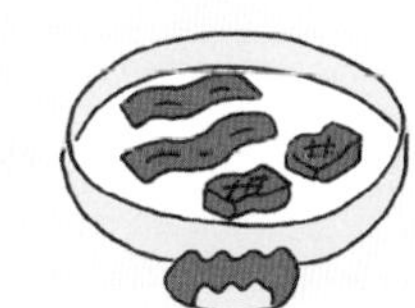

② 양파를 볶을 때 소금을 넣으세요 .

（　　　　　　　　　　　　）。

양파：玉ねぎ、때：とき、소금：塩
넣다：入れる

こたえ
1.①찔　②볶을　③삶을　④구울　⑤데울
⑥요리할
2.①ここが明日行く焼き肉屋です　②玉ねぎを炒めるとき塩を入れてください

Track 075

Lesson 34

活用形 2 (으)ㄴ… ／ ～な…〈形容詞の現在連体形〉

形容詞の現在連体形。「아름다운 꽃（美しい花）」「시원한 맥주（冷たいビール）」のように、名詞を形容詞で修飾するときに使います。

きほんのフレーズ

좋은 책이 많아요.（チョウン チェギ マナヨ）
よい　本が　多いです。

つくり方

좋다（チョタ） → 좋은…（チョウン）
よい　　よい…

活用形 2

❶「다」をとる
좋 다

パッチムある！

❷ 活用形 2 に直す
좋으

パッチムがあるときは「으」をつける!

❸「ㄴ」をつける
좋으 + ㄴ
→좋은

解説 同じ語尾の「～（으）ㄴ…」でも、動詞の場合は過去を表し(Lesson32)、形容詞の場合は現在を表します。

ここでcheck

1 ～(으)ㄴ…（～な…）の形をつくってみましょう。

例 좋다（よい）	よい… （좋은　　　　）
① 희다（白い）	白い… （　　　　）
② 밝다（明るい）	明るい… （　　　　）
③ 길다（長い） ㄹ語幹	長い… （　　　　）
④ 덥다（暑い） ㅂ変則	暑い… （　　　　）
⑤ 기쁘다（うれしい）	うれしい… （　　　　）
⑥ 조용하다（静かだ）	静かな… （　　　　）

2 日本語に訳してみましょう。

① 예쁜 핸드백을 사고 싶어요 .
（　　　　　　　　）。
예쁘다：かわいい、핸드백：ハンドバッグ
사다：買う

② 따뜻한 봄이 좋아요 .
（　　　　　　　　）。
따뜻하다：暖かい、봄：春

こたえ
1.①흰　②밝은　③긴　④더운　⑤기쁜
⑥조용한
2.①かわいいハンドバッグを買いたいです　②暖かい春が好きです

Lesson 35

活用形 1　네요 ／ ～ですね・ますね〈感嘆〉

「맛있네요!（おいしいですね!）」「좋네요!（いいですね!）」のように気持ちを込めて相手をほめるときや、感動したときに使えます。よいところを見つけたら、どんどん口に出してみましょう!

きほんのフレーズ

오늘은 날씨가 좋네요 !
今日は　天気が　いいですね！

つくり方　活用形 1

좋다 → 좋네요 !
よい　　いいですね！

❶「다」をとる
좋 다

❷「네요」をつける
좋 + 네요

うしろにつけるだけ！

+α 過去形は、「좋았네요（よかったですね!）」のように、活用形３に「ㅆ네요」をつけます。

ここでcheck

1 ～네요（～ですね・ますね）の形をつくってみましょう。

例 좋다（チョタ）（よい）	いいですね！ （좋네요　　　　）！
① 보다（ポダ）（見る）	見ますね！ （　　　　　　）！
② 입다（イプタ）（着る） +α参照	着ていましたね！ （　　　　　　）！
③ 만들다（マンドゥルダ）（作る） ㄹ語幹	作っていますね！ （　　　　　　）！
④ 싸다（ッサダ）（安い）	安いですね！ （　　　　　　）！
⑤ 재미있다（チェミイッタ）（面白い）	面白いですね！ （　　　　　　）！
⑥ 조용하다（チョヨンハダ）（静かだ）	静かですね！ （　　　　　　）！

2 日本語に訳してみましょう。

① 이 가방은 정말 싸네요！

（　　　　　　　　　　）！

가방：かばん、정말：本当に

② 비빔밥을 맛있게 만들었네요！

（　　　　　　　　　　）！

비빔밥：ビビンバ、맛있게：おいしく

+α参照

こたえ
1. ①보네요　②입었네요　③만드네요　④싸네요　⑤재미있네요　⑥조용하네요
2. ①このかばんは本当に安いですね　②ビビンバをおいしく作りましたね

Lesson 36

活用形 1　죠 ／ ～でしょう・ましょう〈勧誘・同意・確認〉

「가죠!(行きましょう!)」「재미있죠?(面白いでしょう?)」などのように誰かを誘うときや、確認するときに使える表現。仲良くなった韓国人の友だちに使ってみましょう!

きほんのフレーズ

ク　マヌヮヌン　チェミイッチョ
그 만화는 재미있죠?
あの　マンガは　面白いでしょう?

つくり方

チェミイッタ　→　チェミイッチョ
재미있다 → 재미있죠?
面白い　→　面白いでしょう?

活用形 1

❶「다」をとる
재미있다

❷「죠」をつける
재미있 + 죠

うしろにつけるだけ!

解説　「~죠」には以下の3つの意味があります。①勧誘:오늘 만나죠.(今日、会いましょう。)②同意:이 꽃은 예쁘죠?(この花はきれいですよね?)③確認:오늘은 늦게 시작하죠?(今日は遅く始まりますよね?)

ここでcheck

1 ～죠（～でしょう・ましょう）の形をつくってみましょう。

例 재미있다（チェミイッタ）（面白い）	面白いでしょう？ （재미있죠　　）？
① 쉬다（シュィダ）（休む）	休みましょう。 （　　）.
② 묵다（ムクタ）（泊まる）	泊まりましょう。 （　　）.
③ 놀다（ノルダ）（遊ぶ）	遊びますよね？ （　　）？
④ 맵다（メプタ）（辛い）	辛いでしょう。 （　　）.
⑤ 작다（チャクタ）（小さい）	小さいですよね？ （　　）？
⑥ 따뜻하다（ッタットゥタダ）（暖かい）	暖かいでしょう。 （　　）.

2 日本語に訳してみましょう。

① 조금 쉬죠 .
（　　）。
조금：ちょっと

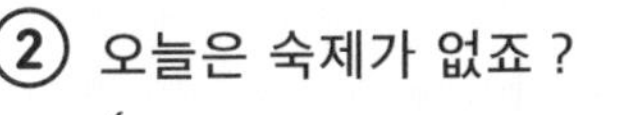
② 오늘은 숙제가 없죠 ?
（　　）？
오늘：今日、숙제：宿題、없다：ない

こたえ
1.①쉬죠　②묵죠　③놀죠　④맵죠　⑤작죠
⑥따뜻하죠
2.①ちょっと休みましょう　②今日は宿題がないでしょう

ここでおさらい

1 例のように活用してみましょう。

例　고맙다（活用形１+습니다）→ 고맙습니다　（ありがとうございます）

(1) 좋다（活用形２+니까）→　（いいから、いいので）

(2) 없다（活用形３+서）→　（なくて、ないから）

(3) 맛있다（活用形２+면）→　（おいしければ）

(4) 많다（活用形３+도）→　（多くても）

(5) 찍다（活用形２+러）→　（撮りに）

(6) 사랑하다（活用形１+고 있어요）→　（愛しています）

(7) 공부하다（活用形２+면서）→　（勉強しながら）

(8) 앉다（活用形３+서）→　（座って）

(9) 좋아하다（活用形１+는）→　（好きな）

(10) 싸다（活用形１+네요）→　（安いですね）

こたえ

(1) 좋으니까　(2) 없어서　(3) 맛있으면　(4) 많아도　(5) 찍으러
(6) 사랑하고 있어요　(7) 공부하면서　(8) 앉아서　(9) 좋아하는　(10) 싸네요

2 例のように書いてみましょう。

例 いい映画が多いです。
(좋은) 영화가 많아요 .

(1) 時間がないから、 明日行きましょう。
시간이 ( ) 내일 가요 .

(2) 寝る前に音楽を聞きます。
( ) 음악을 들어요 .

(3) 最近、 見ているドラマは面白いです。
요즘 ( ) 드라마는 재미있어요 .

(4) さっき食べたトッポッキはおいしかったです。
아까 ( ) 떡볶이는 맛있었어요 .

(5) 明日、 会う先輩はいい人です。
내일 ( ) 선배는 좋은 사람이에요 .

(6) パンを買いにコンビニに行きました。
빵을 ( ) 편의점에 갔어요 .

(7) アルバイトをしながら勉強します。
아르바이트를 ( ) 공부해요 .

(8) 韓国語は面白いでしょう?
한국어는 ( ) ?

こたえ
(1)없으니까 (2)자기 전에 (3)보는 (4)먹은 (5)만날 (6)사러 (7)하면서 (8)재미있죠

文末フレーズ一覧表

本書で紹介した文末フレーズの例文を活用パターンごとにまとめました。このフレーズを覚えてしまえば、活用の仕組みもばっちり習得です！

●名詞+語尾

文末フレーズ	例文	該当ページ
名詞+ 입니다	イゴスン ノトゥイムニダ 이것은 노트입니다. これはノートです。	74
名詞+ 예요/이에요	チョヌン イルボン サラミエヨ 저는 일본 사람이에요. 私は日本人です。	76
名詞+ 가/이 아닙니다	イゴスン スリ アニムニダ 이것은 술이 아닙니다. これはお酒ではありません。	78
名詞+ 가/이 아니에요	イゴスン ポスガ アニエヨ 이것은 버스가 아니에요. これはバスではありません。	80
名詞+ 가/이 있습니다	オヌルン スオビ イッスムニダ 오늘은 수업이 있습니다. 今日は授業があります。	82
名詞+ 가/이 있어요	オヌルン テイトゥガ イッソヨ 오늘은 데이트가 있어요. 今日はデートがあります。	84

●하다用言

文末フレーズ	例文	該当ページ
해요	トソグヮネソ コンブヘヨ 도서관에서 공부해요. 図書館で勉強します。	86

●尊敬動詞

文末フレーズ	例文	該当ページ
드세요	チグム チョムシム トゥセヨ 지금 점심 드세요? 今、お昼召し上がっていますか？	142

●活用形1

文末フレーズ	例文	該当ページ
습니다	ヨルトゥ シ エ チョムシムル モクスムニダ 12 시에 점심을 먹습니다. 12時に昼ご飯を食べます。	112
ㅂ니다	オ ヌルン フェサ エ カムニダ 오늘은 회사에 갑니다. 今日は会社に行きます。	114
고 싶어요	チングルル マンナ ゴ シポヨ 친구를 만나고 싶어요. 友だちに会いたいです。	132
지 마세요	チグム カジ マセヨ 지금 가지 마세요. 今、 行かないでください。	138
고	マット チョコ ソビスド チョアヨ 맛도 좋고 서비스도 좋아요. 味もよくてサービスもいいです。	148
지만	ハ グ ゴヌン オリョプチ マン チェミイッソヨ 한국어는 어렵지만 재미있어요. 韓国語は難しいけど面白いです。	150
고 있어요	ハングク トゥラ マルル ポ ゴ イッソヨ 한국 드라마를 보고 있어요. 韓国ドラマを見ています。	164
기 전에	マンナギ ジョネ ヨルラグル ヘヨ 만나기 전에 연락을 해요. 会う前に連絡をします。	172
는…	ヨジュム ポヌン トゥラマ イッソヨ 요즘 보는 드라마 있어요? 最近、 見ているドラマありますか?	174
네요	オ ヌルン ナルッシガ チョンネヨ 오늘은 날씨가 좋네요! 今日は天気がいいですね!	182
죠	ク マヌヮヌン チェミイッチョ 그 만화는 재미있죠? あのマンガは面白いでしょう?	184

●活用形２

パッチムがあったら「으（ウ）」をつける

文末フレーズ	例文	該当ページ
(으)ㄹ 수 있어요	ハン グ ルル イルグル ス イッソ ヨ 한글을 읽을 수 있어요. ハングルを読むことができます。	122
(으)ㄹ 거예요	ソ ウ レ ヌン チェ ガ カル コ イェ ヨ 서울에는 제가 갈 거예요! ソウルには私が行くつもりです！	134
(으)세요	ヨ ギ エ アンジュ セ ヨ 여기에 앉으세요. ここに座ってください。	136
(으)ㄹ까요?	カ ゲッカ ジ ハム ケ コ ルル カ ヨ 가게까지 함께 걸을까요？ お店までいっしょに歩きましょうか？	144
(으)니까	オ ヌ ルン パップ ニッカ ネ イル マン ナ ヨ 오늘은 바쁘니까 내일 만나요. 今日は忙しいから明日会いましょう。	154
(으)면	シ ガ ニ イッ スミョン カ ゴ シ ポ ヨ 시간이 있으면 가고 싶어요. 時間があったら行きたいです。	158
(으)러	オ スル サ ロ ペ クヮジョ メ ガ ヨ 옷을 사러 백화점에 가요. 洋服を買いに百貨店に行きます。	162
(으)면서	ウ マ グル トゥ ルミョンソ コン ブ ヘ ヨ 음악을 들으면서 공부해요. 音楽を聞きながら勉強します。	168
(으)ㄴ…	オ ジェ ポン ヨンフヮヌン チェ ミ イッソッ ソ ヨ 어제 본 영화는 재미있었어요. 昨日見た映画は、 面白かったです。	176
(으)ㄹ…	ネ イル ム グル ホ テ リ エ ヨ 내일 묵을 호텔이에요. 明日泊まるホテルです。	178
(으)ㄴ…	チョウン チェ ギ マ ナ ヨ 좋은 책이 많아요. よい本が多いです。	180

● 活用形3

文末フレーズ	例文	該当ページ
아/어요	선물을 받아요.(ソンムルル パダヨ) プレゼントをもらいます。	116
안~아/어요	요즘 아침은 안 먹어요.(ヨジュム アチムン アン モゴヨ) 最近、朝ご飯は食べません。	118
못~아/어요	한국어는 못 읽어요.(ハングゴヌン モン ニルゴヨ) 韓国語は読めません。	120
아/어요	오늘 친구를 만나요.(オヌル チングルル マンナヨ) 今日、友だちに会います。	124
아/어요	아침에 커피를 마셔요.(アチメ コピルル マショヨ) 朝、コーヒーを飲みます。	126
아/어ㅆ어요	비빔밥을 먹었어요.(ピビンバブル モゴッソヨ) ビビンバを食べました。	128
아/어ㅆ습니다	소설을 읽었습니다.(ソソルル イルゴッスムニダ) 小説を読みました。	130
아/어 주세요	창문을 열어 주세요.(チャンムヌル ヨロ ジュセヨ) 窓を開けてください。	140
아/어야 돼요	휴대폰을 꺼야 돼요.(ヒュデポヌル ッコヤ ドゥェヨ) 携帯電話を切らなければなりません。	146
아/어서	날씨가 좋아서 기분이 좋아요.(ナルッシガ チョアソ キブニ チョアヨ) 天気がよいから気分がいいです。	156
아/어도	좀 비싸도 괜찮아요.(チョム ピッサド クェンチャナヨ) ちょっと高くてもかまいません。	160
아/어 있어요	장미가 많이 피어 있어요.(チャンミガ マニ ピオ イッソヨ) バラがたくさん咲いています。	166
아/어서	소파에 앉아서 쉬어요.(ソパエ アンジャソ シュィオヨ) ソファに座って休みます。	170

著者

チョ・ヒチョル

日本薬科大学(韓国薬学コース)客員教授。ハングル普及会「お、ハングル！」主宰。東海大学外国語教育センター元教授。NHK「テレビでハングル講座」(2009 ～ 2010年度)に講師として出演し、わかりやすくやさしい語り口が韓国語学習者から人気を集める。

〈著書〉

『ヒチョル先生の ひとめでわかる 韓国語 きほんのきほん ステップアップ』『ヒチョル先生の ひとめでわかる 韓国語 きほんの単語』(高橋書店)、『1時間でハングルが読めるようになる本』(Gakken)、『本気で学ぶ韓国語』『わかる！ 韓国語 基礎文法と練習』(ベレ出版)など多数。

ヒチョル先生の

ひとめでわかる 韓国語 きほんのきほん

著　者　チョ・ヒチョル

発行者　高橋秀雄

発行所　**株式会社 高橋書店**

〒170-6014 東京都豊島区東池袋3-1-1 サンシャイン60 14階

電話　03-5957-7103

ISBN978-4-471-11341-4 ©CHO HEECHUL Printed in Japan

定価はカバーに表示してあります。

本書の内容についてのご質問は「書名、質問事項(ページ、内容)、お客様のご連絡先」を明記のうえ、郵送、FAX、ホームページお問い合わせフォームから小社へお送りください。
回答にはお時間をいただく場合がございます。また、電話によるお問い合わせ、本書の内容を超えたご質問にはお答えできませんので、ご了承ください。本書に関する正誤等の情報は、小社ホームページもご参照ください。

【内容についての問い合わせ先】

書　面　〒170-6014 東京都豊島区東池袋3-1-1 サンシャイン60 14階　高橋書店編集部

F A X　03-5957-7079

メール　小社ホームページお問い合わせフォームから (https://www.takahashishoten.co.jp/)

【不良品についての問い合わせ先】

ページの順序間違い・抜けなど物理的欠陥がございましたら、電話03-5957-7076へお問い合わせください。
ただし、古書店等で購入・入手された商品の交換には一切応じられません。